大人になったら当然と思ってたけど
働き続けるってけっこう大変だ

転職活動して
みたけど
何がやりたいか
ピンとこない

目の前の仕事に
気力も体力も時間も
すいとられて、
新しいことを考える
余裕なんてない

周りの友達は転職して
キャリアアップしたり
安定した大きな会社で
充実してそうに見える

今の会社で
働き続けて
年をとっていく
イメージが
浮かばない

まぁ今だって
すごく不満なわけ
じゃないけど……
でも「なんか違う」
気はしてる

働いている中で感じる
違和感・モヤモヤに対して

今の会社で働き続ける
転職する

できるのはこの2択だと思ってませんか？

「キャリアブレイク」

という第3の選択肢があります。


【キャリアブレイク】

一時的に雇用から離れる離職、休職など、キャリアの中にあるブレイク期間のこと。新しい造語ではなく、欧州やアメリカでは一般的な言葉。

はじめまして。

私は「キャリアブレイク」について研究している北野貴大といいます。

実際に、キャリアブレイクした人500人以上に会って話を聞き、キャリアブレイクという選択肢の可能性を大きく感じてきました。

とは言っても、初めて「キャリアブレイク」という言葉を聞いて、

「会社を辞めるなんて無理」

「仕事がなかったら生きていけない」

「そんな無茶苦茶な生き方は怖い」

「現実的じゃない」


そう感じるのも当然です。

それはキャリアブレイクをした人たちの話を聞く機会がなく、実体がわからないからではないでしょうか。

私が500人以上もの人に話を聞く中で、よく耳にするのはこんな言葉です。

「これを選んだことを後悔していない」
「今に納得している」
「キャリアブレイクを選んでよかったと思ってる」
「意外と周りにもキャリアブレイクしてる人がいたし一人じゃなかった」

そう思うまでには、どのような道のりがあったのでしょうか。

キャリアブレイクを選んだ人たちの経験やキャリアブレイクを社会や企業がどう見ているのかなどを知ってもらい、人生やキャリアを考えるときに今まで想像もしていなかった第3の選択肢があるということをお伝えしたいと思っています。

周りに実例がない中、全く知らない道、新しい道を選ぶのは難しいことだと思います。

今、働き方についてモヤモヤしたものを抱えている人に、「こんなやり方もあったんだ」と思っていただけたら、今まで気付かなかった道や可能性に気付いていただけたら幸いです。

次決めずに辞めても
うまくいく人生戦略

仕事のモヤモヤに効くキャリアブレイクという選択肢

北野貴大
Takahiro KITANO

KADOKAWA

1章 キャリアブレイクという第3の選択肢

2章

キャリアブレイクした人は、どうしてわざわざ辞めたのか

3章

キャリアブレイクした人は、どんな再就職をしたのか

4章

キャリアブレイク中、どう過ごしたのか

5章 企業は、キャリアブレイクした人をどう見ているのか

6章 キャリアに正解はない

この本の読み方

頭から読んでいくのがもちろんおすすめですが、
気になる章から読んでもOKです

キャリアブレイクの概要について
ざっくり知りたい！

▶▶▶ **1**章、**2**章 から

キャリアブレイクした人の
体験談をたくさん知りたい！

▶▶▶ **3**章、**4**章 から

人事や企業、周りから
キャリアブレイクがどう見られるか知りたい！

▶▶▶ **5**章 から

1章

キャリアブレイクという第3の選択肢

■新卒入社5年目のキャリアブレイク

人材系の企業に新卒で入社した私は、5年目に退職を決意。慢性的な残業や理不尽な評価制度、理想の自分やロールモデルとのギャップ、最後の年の上司と合わなかったことが決定打となった。上司の言葉によって、仕事だけではなく、自分自身や今までの人生、働いてきた過去を含めて否定され続けているように感じ、常に自己否定状態に。転職先を決めずに退職したのは、5年間前だけを見て突っ走って、生き急いでしまった感覚に違和感を覚えたこと、組織内でしか通用しない価値観に染まっていた自分に気持ち悪くなってしまい、立ち止まって人生を見つめ直したくなったから。フラットになった状態で次のキャリアに進みたいと思った。

退職と同時に、オンラインのキャリアスクールに入会。貯金、失業手当などでやりくりし、新たなコミュニティに所属したり、WEBスキルの習得をしたりしていた。私が残業三昧《ざんまい》で心身ともに疲弊しきっていた社畜時代を知る友人は、たくさん休んで楽しみなよ！　とみんな喜んでお祝いしてくれた。それでもキャリアブレイク中は、とてつもなくネガティブな日もあった。SNSも見たくない、誰にも会いたくない、ひたすら寝る、自炊もお風呂も何もかも無理、この先の人生がとてつもなく不安で夜は眠れない、社会のレールから降りた私はもうダメかもしれない、みたいな自責や自己嫌悪に苛まれたときも。一方で、自分の思考を整理でき、退職する前は見えてこなかった思考の癖や本音に気付き、自分自身を客観的に考えられるようになった。

退職して1年後、ゆるやかに仕事を探し始め、約5ヵ月間の転職活動を経て内定先が決まった。私にとってはキャリアブレイク中に「何をしていたか」よりも、離職期間を設けることを選んだ「気持ちや考えの変化」の方が大事だった。絶対に人材業界は（営業も）嫌だと思って退職したのに、やっぱり人材業界で働きたいという思いに至った。キャリアブレイクを経験してフラットな視点に立っていなかったら、もう一度人材業界でチャレンジしようとはならなかったと思う。

■社会人8年目、激務が続き休職

WEBメディアの広告制作会社で8年目、異動先の部署が仕事の業務範囲が広いかつ人手不足などの理由から、一人あたりの業務量がかなり多い傾向にありました。さらに自分の性格上、人に頼るのが苦手で抱え込んでしまい、毎月80時間もの残業が続いてしまいました。クライアントから厳しい言葉をかけられることも多く、心身ともに疲弊してしまい、体調にも影響が出てしまったため、夫の後押しもあって休職することを決意しました。

最初はとにかく休むことにして、読書、映画鑑賞、運動、一人旅など好きなことややりたかったことなどをやりながら、1ヵ月半ぐらいのんびり過ごしました。その後は、自分が休職した理由や今後どうしたいかなどについて向き合うために、自分の気持ちをノートに書いて整理したり、他の会社のことも調べてみたり、自分の将来のために時間を使いました。いろいろと考えた結果、休職前にしていた仕事は好きでやりたかった内容ではあるし、人間関係も良かったため、労働時間や自分の働き方を調整できればもう一度頑張れるかもしれないと思い、復職することを決意し現在は休職前と同様に、WEBメディアの広告制作の仕事をしています。社会人になってからずっと忙しく、がむしゃらに働いてきたので、一度立ち止まって自分の人生を見つめ直すいい機会になったと思っています。働く上で何を重視したいか、今後どうしていきたいかなどについて改めて考えることができたし、働く姿勢や考え方なども変えることができたため、休職前と同じ仕事に戻りましたが、以前よりも自分のペースで働けていると思います。

■憧れの会社へ転職したけれど

2020年春、1年働いた会社を辞めた。ずっと憧《あこが》れていた会社で、テレビをつければすぐにCMが流れてくるような大企業だ。新卒のときは一次選考で落ちており、諦めきれず、中途入社に挑戦。最終面接合格の電話が鳴ったときは、夢が叶《かな》ったと、駅のホームにいることを忘れて叫んでしまった。両親にも友人たちにも自慢をして、人生の勝ち組になったようだとうぬぼれていた。ただ入社してからの生活は、理想通りとはいかなかった。要求される高いハードルに全く応《こた》えられず、入社から半年も経たないうちに、休職をすることになった。

休んでからは、一人暮らしのアパートを引き払い、実家に戻った。寝たい時間に寝て、起きたい時間に起きる。特にやりたいことなんてなかったので、昔遊んだゲームをやってみたり、本棚にあった漫画を読み漁《あさ》ったりしていた。両親は何も責めなかったけれど、情けなくて申し訳なかった。そんな生活がしばらく続いたあと、ふとカメラを手にとってみた。大学時代に、バイト代を貯めて買ったカメラ。何事も飽きっぽい私だが、社会人になってからも趣味として続けていた。仕事をしていない自分にとって、友人に「遊びに行こう」というのはハードルが高かったが、「写真を撮りに行こう」と誘うのは少しだけ気が楽だった。週末に車で出かけて、シャッターを切る。そうやって、だんだんと日常に楽しみとやりたいことが満ちていった。

休職して約半年後、これまで撮りだめていた写真と、新しく撮った写真を交えて、写真展を開催することにした。できるかどうかなんて分からなかったが、そのときは、今やらなきゃいけないという衝動に突き動かされていたように思う。写真展というよりは、「社会復帰報告展」という感じだったかもしれない。とにかく全力を出し切ったその展示には、3日間で延べ100人が来てくれた。

フォトグラファーを目指していたら、きっと専門の学校に通っていたし、新卒で入る会社も変わっていただろう。20代半ばから、写真の道を志すのは遅咲きである。でも、あの写真展で何か勘違いしてしまったのだろうか、上京し、制作会社への転職を決めた。そして、この春にはついにフォトグラファーとして独立をしてしまった。仕事を休み、模索していたあの半年間は、私にとって大きな分岐点になった。

欧州では一般的な「キャリアブレイク」

ここにご紹介した3人がとっていたような、一時的に雇用から離れる離職、休職など、キャリアの中にあるブレイク期間のことを「キャリアブレイク」と呼びます。これは新しく作った造語ではなく、欧州やアメリカでは、一般的な文化です。類似の言葉で、ギャップイヤーというのは、高校と大学の間のブレイク期間で、サバティカル休暇というのは、長期勤続者が取れる長期休暇のことです。

キャリアブレイクの目的は様々です。世界一周の旅を実現したい、オーストラリアの自然を満喫したいなど中長期の旅に出るため。デンマークで芸術を学んでみたい、語学を学ぶためにニューヨークに住んでみたいなど学習の好奇心を満たすため。キャリアアップするために資格を取りたい、転職のために新たなスキルを身に付けたいなどキャリアを強化していくため。子供が生まれ家族との時間を優先させたい、親の介護が必要になり故郷で少しの間ゆっくり過ごしたい、などライフイベントを重視するため。会社でやっていた大きなプロジェクトが終わりバーンアウトしてしまいやる気が回復しない、働きすぎて心身に不調がきてしまった、など休息のため。転職を考えているが考える時間がない、次のキャリアのイメージが湧かないのでゆっくり時間を取って考えたいなど人生観を整えるため。会社の倒産や家族の転勤、合わない上司の元で働くことになったなど予期せず離職を選択せざるを得ない人もいます。

目的がある場合も、目的がはっきりしていない場合も、一時的に雇用から離れる期間のことをキャリアブレイクと呼んでいます。

離職期間の過ごし方は様々で、途中で目的が変わる人もいますし、直感で離職期間を確保しそこから自分のやりたかったことを思い出していく人もいます。会社の肩書きがなくなり、自己紹介もままならなくなりますが、そんな身ひとつの状態だからこそ見えてくるなにかがあるようです。とは言え、離職期間を持つことは容易ではなく、金銭的にも、精神的にも、社会的にも準備と覚悟がいります。

仕事に悩んだとき、人生の転機というと、その会社で働き続ける「現状維持」、もしくは、その会社で異動を希望する、違う会社に転職する「働く環境を変える」の2つ

の選択肢しか思い浮かばなかったかもしれません。本書では、「キャリアブレイク」という第3の選択肢をご紹介したいと思います。

無職とキャリアブレイクはどう違うのか

キャリアブレイクという言葉の認知は、今の日本では低く、言い換えるなら「無職」と呼ばざるを得ませんでした。もちろん、無職には違いないのですが、大きな総称のため、誤解を生むことも多くあります。

無職＝ニート、のように、そもそも労働意欲がない訳ではなく、苦しみや葛藤もありながら人生について思案している状態の人が多いです。その先に「納得感を持って働きたい」と思っています。一時的に労働意欲がないのですが、それを永続させようとは思っておらず、ただ一呼吸おきたいと感じている人が多いようです。

無職＝無価値な時間、と断定してしまうことも誤解です。もちろん労働していることで、金銭が得られる、キャリアを積み上げるための経験になることは間違いありません。だからといって労働以外の時間が無価値だとは言えません。キャリアスクールやスキルスクールに通い、無職期間を分かりやすく価値ある時間に変えていく人もいますし、ずっとやりたかったことをやる、会いたかった友人に会う、ぼんやりしながら人生の軸について考えてみる、などをしている間に、本当の意味で人生に必要な感性や言葉に出会うこともあります。

無職＝働けない人、困っている人、と弱者のラベルが貼られてしまうこともあります。もちろんそういう状態の人もいるかもしれませんが、キャリアブレイク中の人は必ずしも弱者ではないと私は思います。むしろ、自分の転機を積極的に作ろうと、雇用からわざわざ離れて人生に向き合っているパワープレイヤーです。悩んでいる人もいますが、アドバイスや手助けが必要な人ばかりではありません。自分でゆっくり悩みたくてキャリアブレイクした人もいるはずです。

無職＝求職者、と思われることも多いのですが、キャリアブレイク中の人は必ずしも仕事を求めているとは限りません。もちろん、「いつか」働く気持ちはあるのですが、今は充電期間として、仕事や働くということから距離を置いている人も多くいます。

無職＝自給自足やＦＩＲＥ、のように、不労ながら生活できる状態を整えていく人たちもいます。こういった無職を目指している訳でもなく、一時的に無職になっているだけで、その後は仕事に戻ったり新しい仕事を探したりと、不労所得を目指している人は少ないです。

このように、無職と総称してしまうことで、そこに含まれるそれぞれ違う意図を持った人々を理解するのに誤解を招くことが多くあるように感じます。

実は35人に1人がキャリアブレイク中

日本では受け入れられづらいように感じるキャリアブレイクですが、離職期間なしで転職した人は全体の26・1%（厚生労働省の「令和2年転職者実態調査の概況」）です。**実は、転職者全体の73・9%の人が離職期間ありで、大なり小なりキャリアブレイクをつくっています。**もちろん中には、次の仕事が決まった上で離職し、前の会社の退職日から次の会社の入社日まで少しの休憩を取るために期間をあけるミニキャリアブレイクの人もいると思います。そんな人を勘案して、1ヵ月以上の離職期間をあけて仕事に戻る人に絞ったとしても46・3%の人がいます。

転職までの期間

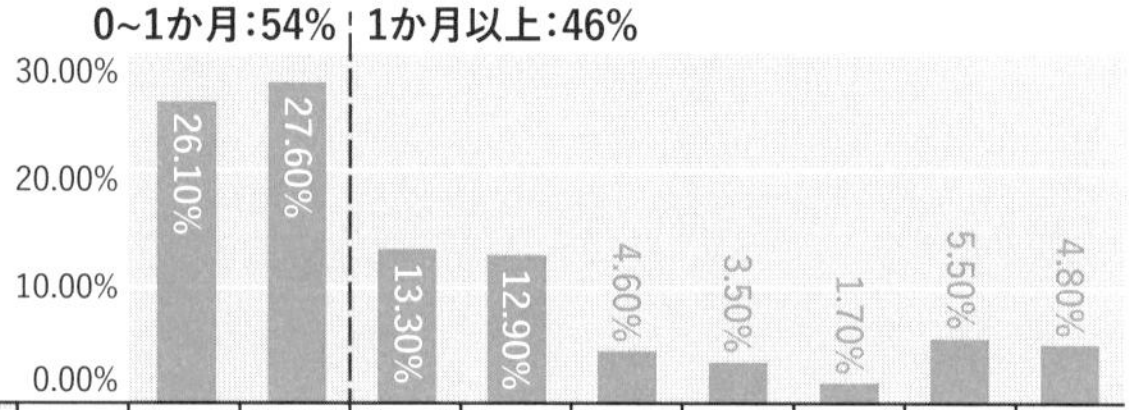

	転職者計	離職期間なし	1か月未満	1か月以上2か月未満	2か月以上4か月未満	4か月以上6か月未満	6か月以上8か月未満	8か月以上10か月未満	10か月以上	不明
総数	**100.0**	**26.1**	**27.6**	**13.3**	**12.9**	**4.6**	**3.5**	**1.7**	**5.5**	**4.8**
前回（平成27年）総数	100.0	24.8	29.3	12.5	10.8	5.9	3.7	2.1	7.7	3.2
男	100.0	24.7	26.8	13.4	13.8	4.0	3.9	1.5	5.6	6.4
女	100.0	27.9	28.7	13.1	11.7	5.4	3.0	2.0	5.5	2.6

引用：厚生労働省「令和２年転職者実態調査の概況」

同じ年の転職者数は３１９万人（令和２年の総務省「労働力調査」）だったので、令和２年に１ヵ月以上の離職期間を持った人は１４７万人と推定されます。この数字は、簡易に出した概算なので、全体像をつかむざっくりとした数字としてご認識ください。１４７万人いるということは、令和２年の常用労働者は５１０９万人（令和２年厚生労働省「雇用動向調査」）でしたので、35人に1人が1ヵ月以上の離職を伴うキャリアブレイク中だったことになります。また、キャリアブレイクには休職者も含みますので、実態としてはもう少し多いはずです。労働者の

0・4％（令和2年「労働安全衛生調査（実態調査）」）が連続1ヵ月以上の休職をしているので、常用労働者5109万人で計算すると約20万人。あくまで概算ですが、毎年167万人もの人がキャリアブレイクを行っていると推定できます。

これがどれくらいの人数か政令指定都市の人口（令和2年）と比べてみます。8位の京都市から順番に上がっていくと、8位：京都市146万人、7位：神戸市153万人、6位：川崎市154万人、5位：福岡市161万人、4位：札幌市197万人、3位：名古屋市233万人、2位：大阪市275万人、1位：横浜市378万人と続きます。キャリアブレイクした人たちが集まると、福岡市と札幌市の人口のあいだくらいの人がいます。びっくりするほど少ない数ではないことが分かります。**電車や街中を見渡すと、みんな真面目に働いていて、無職なんていないように見えるかもしれませんが、キャリアブレイクはすでに日本で文化になりつつあるようです。**

世界の状況にも目を向けてみます。次頁の表はIMF（国際通貨基金）が発表した2021年の世界の失業率のグラフです。失業率は労働力人口に占める失業者数の比率です。**日本は世界的に見て、失業率がかなり低い国です。**これは、働きたい人が働

世界の失業率2021

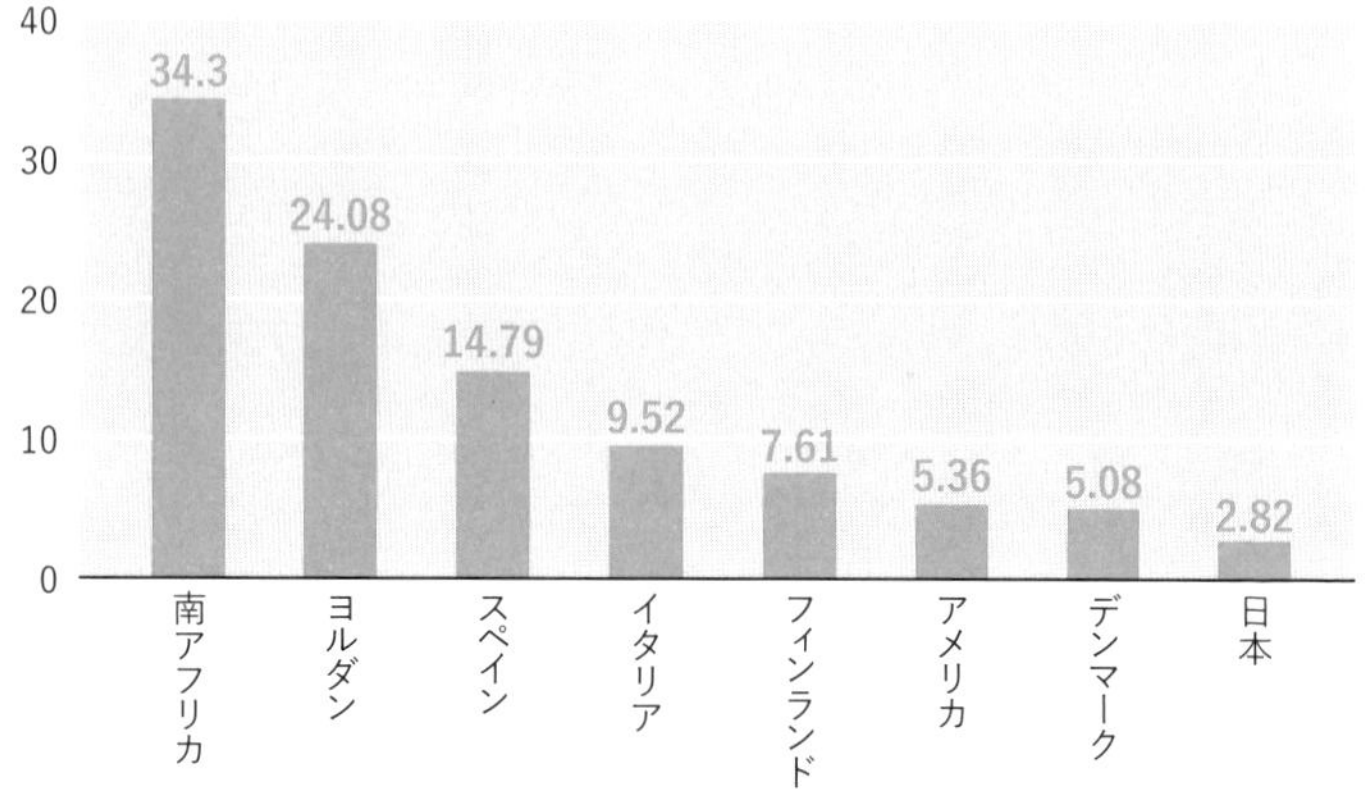

出典：IMF-World Economic Outlook Databases

ける環境として、国内外から高く評価される場合もあります。簡単に言えば、それほど働いている人が多く、働いていない人が少ない国なのです。20%を超える高い国もあり、欧州、欧米は5~20%程度です。日本の2・8%は異様に低い気もします。もちろん、働きたい人が働けるという面では良いことかもしれませんが、極端に働いている状態が当たり前になっている国にも見えます。周囲に合わせるのが得意な日本では、働きたいから働いているというより、みんな働いているから働いている、というような感覚もあるのではないでしょうか。こういった構造的なことから、日本はキャリアブレイクに消極的にならざるを得ない環境なのかもしれません。

妻の「無職になって休みたい」に驚いた

私がこのキャリアブレイクという言葉を知ったのは妻がきっかけです。妻は新卒から商社で働き始め、3年目で別の商社に転職しました。その2社目の商社で4年働いた、社会人7年目のことです。**自分をすり減らしながら働いていたからか「私が私じゃなくなる」と心の悲鳴を感じ取り、2回目の転職活動が始まりました。**転職活動の鉄板である、今までのキャリアの棚卸しを行い、そこから自分のモチベーションと掛け合わせ、次のキャリアを模索していました。キャリアコーチによるセッションを受けたり、占いにいったり、転機の王道であるアクティビティをこなしていきました。実際に、履歴書を書いたり、面接を受けたりもしていました。ただ、その転職活動中、人生の転機について落ち着いて考えたい気持ちとは裏腹に、どこか急いでしまう心があり、もどかしさを感じていたようです。

長らく企業戦士をしていたこともあって、人生を自由に選択する感性を失ってしまったような感覚の中「少しのあいだ無職になってみたい」と妻から相談を受けました。**当時まだ、キャリアブレイクという言葉も文化も知らなかった私は、「無職になって休みたい」＝「鬱《うつ》にでもなってしまった」のかと心配しました。**ところが、妻は冷静に、「やりたかったことをやったり、行きたかった場所に行ったりして、次の人生を選択するための感性を充電したい」と、教えてくれました。私は、なんて面白そうなキャリアを歩むんだと、少し楽しくなってしまい、その妻の選択を応援することにしました。

ただ妻は、「応援や支援はいらない。自分で人生を選択していく機会にしたいので、ぜひ放っておいてほしい。何もせずに見守ってくれていたらそれで嬉《うれ》しい」と、教えてくれました。**ここで、私は、どこか無職を弱者と捉《とら》えて支援が必要だと勘違いしていたことに気付きました。**もちろん、世の中にはそういった方がいることは確かです。ただ、妻の場合は、弱者ではなく、転機をゆっくり味わいたいだけで、むやみに支援されることで弱者になってしまうことは、本意ではないと気付きました。そんな妻の奇行（？）から、私はキャリアブレイクを見守ることになりました。

転機のための宿「おかゆホテル」

人生の転機とは、その人にとって必要なもので結果的には良くなるものだと思いますが、最中では辛《つら》いと感じることや、肩身が狭く感じることがあります。そんなときに、宿れる場所があったらよいかもしれないと私たちが始めたのが、転機のための宿「おかゆホテル」です。

ホテルと言っても、自宅の2階にたまたま空いている部屋があったので、友人を泊める感覚でスタートしました。インスタグラムも0フォロワーから始めたもののぽつりぽつりとフォロワーが増え、泊まりたい人が現れ始め、私たちですらびっくりしました。

初めてのお客さんは3駅となりに住んでいた25歳の女性でした。私たちとしても初めてのお客さんでしたし、向こうとしても得体の知れない宿だったため、お互い恐る恐るだったと思います。聞くと、新卒で入社した会社に3年勤めて、キャリアブレイク中でした。**それは前向きなキャリアブレイクで、転職ではなく、あえて無職期間を**

持つことでいろんな経験をしようという意気込みもあったようですが、節約のために実家に戻ったことで、親や家族との距離が近くなり、無職であることに居心地の悪さを感じていたようでした。親のために早く復職した方が良いのでは、と勘繰っているうちに、自分の転機に集中できなくなり、少し距離を置くために宿を求めたようです。

宿を始めて、転機にある人は「足したい人」と「手放したい人」がいるということに気付きました。会社に行き詰まりを感じるので、動画編集を学んで副業をスタートさせたい、といったような足し算型の人。一方で、休職や離職をつかって、働く環境から少し離れて自由な時間を過ごしたい、という引き算型の人。どちらが良いか、どちらが幸せになるか、なんて誰にも分かりません。ただ、足し算型の方が推奨され、引き算型の人の肩身が狭いようにも感じました。私の妻は、引き算型で良い転機になったことを知っていますし、私たちの宿ではどちらも素晴らしいというスタンスです。

そこから、あれよあれよと宿泊希望者が増え始め、どうやら世の中にはキャリアブレイクしている人が想像よりもいるようだと実感するようになりました。宿で同じような一時的な無職を選択した人に会えることも安心につながっていたようです。同じ状況のためか、アドバイスし合うような様子もなく、辞めた経緯や、いま感じている不安、または希望、行った旅、行こうとしている場所、住民税の話、焦りとの向き合い方、などなど、当事者同士でしか生まれないような話題で盛り上がっていました。

おかゆホテルを始めて、当事者が多くいることに驚かされましたが、それ以上に経験者の多さにも驚かされました。「私がしていたのはキャリアブレイクだったのか！」「あの期間がなければ今の自分はないかもしれない」などの声をたくさんいただきました。**多くの人はキャリアブレイクという言葉を知らず、無意識のうちにその選択をしていたようです。**また、その期間中は苦しい思いや葛藤があったものの、振り返ってみればターニングポイントだったと話す人がほとんどです。

こんなキャリアブレイクが日本で文化になったら、という想いを込めて、宿を始めてから1年ほど経った2022年10月に、3人の仲間と「一般社団法人キャリアブレイク研究所」を設立しました。

入口別の4パターン

キャリアブレイク研究所では、入口別に大きく分けて、キャリアブレイクには4つのタイプがあると考えています。**それぞれによって、キャリアブレイクを始める理由、動機、キャリアブレイク後に描いているゴールが少しずつ異なります。**また、キャリアブレイクの途中でタイプが変わる人も存在します。

1つ目は「ライフ（LIFE）型」です。妊娠、出産を契機とした育休、産休、離職。ケガや大病、疾患、不安定な精神状態など身体的、精神的な療養期間。それに合わせた介護やケア、サポートなど家族への時間を取るための休職や離職。また、パートナーの転勤や引っ越しや移住など、人生のイベントによって発生するキャリアブレイクをライフ型と呼びます。経緯は様々ですが、仕事よりも優先度の高い人生のイベントが発生し、戦略的、または予期せず発生します。それぞれの捉え方もバラバラで前向きに始まる人もいれば、葛藤しながらスタートする人もいます。一般的なライフイベントが中心のため、世間や周囲からの認知や理解もあり、もちろん全ての人にとって万全ではないかもしれませんが、社会的な視点がある型です。

2つ目は「グッド（GOOD）型」です。最近は、HSP（ハイリー・センシティ

ライフ型

グッド型

センス型

パワー型

ブ・パーソン）という言葉がよく言われ、今まで見えていなかった特性にも目が向けられるようになりました。分かりやすい名前がつき、自分の特性を自覚している人もいるかもしれませんが、自分を理解した上で活かす働き方は想像以上に難しいです。働きながら分かることもあり、小さな擦り傷を負いながら働き方を模索している人もいます。自分にとってグッドに働くということを目指しているのですが、それがどういう状態なのか分からなくなることや、単純に擦り傷が増えすぎて疲れてしまうことがあります。**その中で休職や離職を使って、心身の改善と自分の客観視、グッドに働ける環境を模索するキャリアブレイクがグッド型です。**こちらは、社会福祉や行政、国などの支援も拡充され始め、正しい情報にたどり着ければ補助やサービスもあります。

3つ目は「センス（SENSE）型」です。小中高大学と、優秀に、または、あまり人に迷惑をかけず大人になった人が多いようです。学校の先生や親など周囲からの期待が分かり、勉強や部活動にも適度に取り組み、比較的上手に生きてきた方が多い印象です。中にはみんなが憧れる大企業に就職している人や、人生が確約されるような資格やスキルを手にしている人もいます。一見すると順風満帆なのですが、自分の心はすり減っていたり、これからの人生に楽しみを感じなくなっていたり、違和感があります。自身が持っている感性が活かせない、つぶされている状況が続き、このままでいいんだろうかと葛藤しています。また、それが続き適応障害や鬱にまで発展する人もいます。

センス型の人の多くは、まずは転職を検討します。大きなリスクを取るのではなく、自身ができることで環境の変化を作ろうとします。それでうまくいく人もいますが、感性が失われた状態で考える人生にワクワクしない、将来が楽しそうではない、そもそも人生をゆっくり考え直す時間がない、などの理由から、一時的に自分の時間をゆっくり取って、感性を回復させ、人生を作っていきたいと考える人もいます。世の中からしたら、贅沢なことのように聞こえ、選択することに悩みます。ライフ型、グッド型のように明確な目的がないため、自分を大切にすることがおざなりになって、選択の決心がつきにくいようです。人に説明することも難しく、家族や会社に嘘をついて辞める人もいます。**現状で、一番、市民権が低いキャリアブレイクだと感じます。**

4つ目は「パワー（POWER）型」です。ワーキング・ホリデー、海外への留学や滞在、世界一周旅行。職業にする訳ではないが芸術活動に没頭したい。ボランティア活動や社会活動など自分の生きがいを大きく発揮できるものに出会いたい。など、どちらかというと挑戦心だったり、自分の人生はもっと爆発できるはず、と自身への可能性や期待を表現したいというモチベーションから始まるのが、パワー型です。挑戦するために一定の時間が必要と考え、雇用から離れ離職期間を獲得します。中には、大学のときに休学して留学していたり、親がキャリアブレイク的な経験をしていたり、ブレイク（休憩）を入れることで人生が発展した経験をすでにしている人もいます。一見するとポジティブなキャリアブレイクではありますが、周到に準備する必要があったり、雇用から離れて初めて虚無感に襲われたり、自分が掲げた目標が大きすぎてプレッシャーに押しつぶされそうになったり、パワー型と言えど、悩みや葛藤はあります。

このようにキャリアブレイクは大きく4タイプに分かれますが、タイプの行き来は

多くあります。

妊娠出産で雇用から離れたライフ型が入口だったとしても、仕事から離れてみて自分の人生を振り返り、本当に大切なことを思い出し、挑戦心に火が付き、気付いたらパワー型になっている人もいます。会社の業務が合わず疲弊し休職し、グッド型で始まったキャリアブレイクだったとしても、会社と合わなかっただけで、私は自分を殺さず感性を活かして働きたいんだったと、センス型に移行する人もいます。逆に、何かここで一発大きなことをしてやろうと虚栄心で始めてしまったパワー型の人が、雇用から離れてゆっくり考える時間を持つことで、私らしく働きたいとセンス型に移行することもあります。

弱者じゃなくて転機なだけ

欧州では一般的なキャリアブレイクですが、日本でキャリアの間に離職期間をつくることは「キャリアのブランク」「経歴に傷がつく」と言われることもあり、復職や転職に悪い影響を及ぼすとも言われてきました。

なぜ日本では、ブランクは無価値と認定され、無職期間を取りづらい雰囲気になっていったのでしょうか。よく言われるのは、ブランクを見て、「働く意欲がない時期があった」「就職活動がうまくいかなかった」と判断されて、能力ややる気を低く見積もられることがある、という話です。確かにその人物を評価するときに、その人の経歴や過去にどんなことをしてきたのか、というのは大きな判断材料になります。履歴書に空白（ブランク、働いていない時期）があったときに、これから働いてもらおうと思っている身からすれば気になる人がいるのも事実でしょう。キャリアのブランクについて、そう思っている人も少なくないはずです。

事実、私もその一人でした。離職期間がある＝労働意欲がなく、社会から逃げ出した人なのではないかと思っていました。しかし、キャリアブレイクしている人に出会うたびに、決してそうとは言えないのではと思うようになってきました。離職期間を自分の転機と捉えて過ごしていた人は、必ずと言っていいほど、キャリアブレイクがその後の人生に良い影響となった、キャリアブレイクして良かったと言っています。

一方で、その期間を無価値なブランクだと思い込んでしまい、好転させるのに苦労していた人もいます。**そして、一番重要なのは、ブランクだと思って離職期間をスタ**

ートさせた人だったとしても、途中で自分に必要な転機だったんだと思い直し、肯定的に過ごし始める人がいることです。自分がどういう状況なのか、自認が変われば結果も変わるということです。

日本の現状では、一時的な無職、キャリアブレイクの認知度はそこまで高くなく、否定的に捉える人が多くいるかもしれません。**キャリアブレイクをめぐる日本の状況については、改めて5章で詳しく見ていきたいと思いますが、ブランクが人間の価値を下げるという一般的な呪いに対して、ブランクが人間の価値を上げる場合もあるのでは、と違和感を覚えたのが、私の活動のスタートです。**

改めて、離職休職をする人々は弱者なのでしょうか。私はそうは思いません。そう自信を持って言えるのは、キャリアブレイクをして人生を好転させた人たちを多く知っているからです。これから、そのような面白い転機を作っていった人たちをたくさんご紹介したいと思います。

2章

キャリアブレイクした人は、どうしてわざわざ辞めたのか

■ 就活中、良い決断ができないと感じた

地方の中小企業の支援がしたいと思い、ECサイト事業を志望して新卒入社した大手IT企業。期待とは裏腹に、実際配属されたのはモバイル通信事業でした。若手ながら裁量が委《ゆだ》ねられ、成長を感じる一方で、課され続ける数値目標を達成すべく、無理難題でも先方に謝りながらお願いする毎日。良心を傷つけ、心を殺しながら働いていると、次第に遊びのお誘いを断るようになり、休日は何もしたくなく、徐々にうつっぽくなっていきました。このままではいけないと思い、プログラミングの勉強など、役に立ちそうなこともやってみましたが挫折《ざせつ》。転職活動もやってみましたが、選考が進むにつれて違和感が膨らみました。改めて人生を振り返ると、いい選択ができたときに信じていたのは、直感である一方で、新卒入社した会社の決め手は、大手、収入、成長というキーワードでした。論理重視な決め方は私には合わないのかもしれない、さらに心の不調を抱えているこの状況でいい選択ができるわけがないと開き直り、就活を中断。そして私には感性を取り戻す時間が必要なんだと思い、転職ではなく離職という選択をしようと心に決めました。今は紆余《うよ》曲折あり、地方の工務店で集合住宅などのプロデュースをやっています。

■憧れの職種につくには資格取得が必要だった

新卒でアパレル会社に入社し店長代理を務めた1年半後、私は人生最初の離職をしました。きっかけは入社半年すぎての違和感。速いスピードで成長できることにやりがいを感じる一方で、できないと追い詰められる恐怖を感じました。心と身体に異変を感じ、うつ状態になっていく中で、私は本当は何をしたいんだろうと思い悩む日々。働きながらとりあえず始めた転職活動では面接のたびに違うと感じていました。頭を抱えながら自身の人生を学生時代から振り返ったとき、頭をよぎったのが高校時代憧《あこが》れたウェディングプランナーで、その職種に応募しましたが結果は全て不合格。一方で心身の限界が来ていたので会社を退職しました。仕事がないことに焦る中でネット上でウェディングプランナー養成講座を見つけました。「もうチャンスは自分の実力を上げてつかむしかない」と決意し、フリーターとして結婚式場のアルバイトをしながら、学校に通い、夢を追いかけ始めました。今は東京でウェディングプランナーとして、人生に伴走する日々を送っています。

■パワハラに耐えられなかった

メーカーで研究職を9年していましたが、自身の成果物に対する上司の発言がきっかけで精神的にやられてしまい、休職に至りました。具体的には、「君にはがっかりだ」「なんでこんなに時間かかってるの?」「その体調不良（メンタル疾患）いつ直るの?」といった発言や、締め切り前日になって大幅な修正を依頼される、成果物の修正指導と称して会議室で2時間詰められるなどがありました。

休職をし始めても、直属上司からは何度かメールや電話が来ていましたが、怖くて応答できませんでした。メールには「引継ぎのために出社できませんか?」とありましたが、自分のパワハラで社員を壊しておきながら引継ぎに来い、とはどういうことだと冷静に思う一面もありました。そんなこともあり、休職序盤は何かをする気になれず、通院と産業医によるカウンセリング、家でVoicy（ラジオアプリ）を聴くの繰り返しでした。徐々に行動できる元気が出て、美術館に行ったり都内に出かけることができるようになりました。

本当は部署を異動して復帰したかったのですが、無理をしてまで上司とコミュニケーションをとって異動を叶《かな》えるのは困難と判断し、転職活動を始めました。これまで研究職での経験しかなく、転職活動は連戦連敗が続き大変でしたが、知人からベンチャー企業のオファーを教えていただき、そちらとご縁がありました。人生の生き方の正解は1つではなく、正解などないこと、また人には様々な事情がありうることを学びました。それまでは大企業に入って出世してお金を稼ぐのが正解、休むことやパフォーマンスを出せないのは甘えといった画一的な考え方を持っていましたが、休職、離職期間のおかげで内省する時間をとることができ、楽になったと思います。

そもそも頑張ってきた人たち

キャリアブレイクを選択した人たちの中でも、すんなり選択できた人は珍しいかもしれません。**1章で「第3の選択肢」と表現したように、今の会社での働き方の模索、転職活動などの道を検討して、やっと3つ目にたどり着く人が多いように感じます。**

まずは今の会社での自分の働き方、ふるまいを小さく変えるということをする人が多いと思います。自分が能力不足なのかもしれないとギアを上げて働いてみたり、ちょっと嫌なことを我慢してみたり、書店で働き方の本を探してみたり、そんな小さな工夫や我慢をしてきた人もいると思います。実際に社内で、先輩や上司に相談してみたり、同期に愚痴をこぼしてみたり、時には、人事や総務の方に環境の変化を打診してみたり。そういったアクションが難しく、一人で抱え込んでしまった人もいるかもしれません。相談できる相手がおらず、初めての相談がお医者さんだったような人の話も聞いたことがあります。

もう1つの選択肢として転職があります。こっそりと転職エージェントに登録し、履歴書をつくります。会社で大っぴらに言えることでもないため、自分一人で抱え込む人も多いかもしれません。転職の軸を持てと言われるものの、私の軸ってなんなんだろう、人生の軸ってなんなんだろうと、哲学のような領域に入ってしまう人も。迷ったあげく、ネットで調べた転職の鉄則を元に自己PRを仕上げ、自分って誰なんだろう、と投げ出したくなったりもします。

そうやって自身の「転機」について悩んできた人が、第3の選択肢としてたどり着いたのがキャリアブレイクだったというケースが多いようです。**キャリアブレイクはただ会社から離れることを指し、傍《はた》から見ると、呑気《のんき》だなぁ、うらやましいなぁ、と思う方も多いかもしれませんが、この選択をした人たちは、ポジティブかネガティブかはさておいて「いろいろ模索した中でやっとたどり着いた」という感覚が事実に近いように思います。**

辞めた人の話を聞く機会は意外とない

キャリアブレイクを検討し始めたときに、「同じ会社でもう少し続けてみる」「同じ会社で環境を変えてもらう」「違う会社に転職する」のような他の選択肢もあります。**なんだったら、他の選択肢の方が多数派で、キャリアブレイクという選択肢が一番大きなリスクであり、よく分からない（説明が難しい）選択肢に見えます。**定期的な収入がなくなること、離職期間が履歴書に残るため復職しにくいのではという疑心、休職の場合であっても、休んだ＝仕事ができない＝弱いやつといったラベルを周囲から貼られるのではないかという不安、そんなリスクが頭をよぎります。多くの人が「そこまでしてわざわざ辞める必要はあるのだろうか」と、選択することを躊躇《ちゅうちょ》します。

「わざわざ辞める必要があるのか」の答えとしては、人によっては、辞める必要があったとしか言えないと思います。それは他人が出せる答えではありません。**ただ、キャリアブレイクした人のエピソードをなかなか聞く機会がなく、どんな選択肢なのか想像できないという人は多いと思います。**決断した人が偉い、転職した人が偉い、働き続けた人がすごい、キャリアブレイクした人は逃げた、というように価値観を決めたい訳ではなく、ただ1つの選択肢として知っていただきたいだけなのです。

転職やキャリアを決める際の1つの判断材料になることを願って、キャリアブレイク経験者がどういった経緯で、何を求めて決断したのかをこの本で知っていただけたらと思います。

「私が私じゃなくなる」という違和感

わざわざ辞めた、離れた人たちの中には、「私が私じゃなくなる」「自分のことを嫌

いになりそう」というような感覚を話される方が多くいます。自分自身の中にある「感性」や「自分らしさ」が失われていく危機感や、それが失われていくことが当たり前の環境に対する違和感、また失われることで感じる将来への閉塞感《へいそく》、などを持っています。そんなことは社会に出たら当たり前、働くとはそういうことだ、と言われればそれまでですし、そういった価値観を全て否定する訳ではありません。やりたくないけれども社会に必要だという理由で、ぐっと我慢して働いている人、家族のためにいろんなことを犠牲にして、我慢して働いている人がいることも分かります。ただ、そういった自身の感性をつぶされることに、どうしても我慢できない感性を持った人たちがいて、その人たちがキャリアブレイクを用いてその呪いを解き、自分の可能性を開いていく生き方をしているのは事実です。

自分の違和感に気付くのが早かった人は、早々に転職するなど、自分の感性を守る選択をしています。**一方で、気付くことができなかったり、気付いてはいるものの言いだせなかったりと、体調を崩すまで頑張ってしまう人もいます。**

まほさんも、新卒で入社した会社の働き方に違和感を持ちながらも、なかなか辞める決断をできなかった方です。まほさんは、誰もが羨《うらや》むような大手商社に、新卒で営業として入社し上京しました。深夜の残業も飲み会も国内外の出張も、どんなにキツくても若さで乗り切ってきたそうです。それが年々冷静になり、「私がしたい仕事って何だっけ」と違和感を覚え自問自答するように。日々精神を削られても給料は安定しているし、転職は不安だし、仕事ってこんなもんでしょと自分に言い聞かせてやり過ごしていました。

しかし、そのうちに違和感はどんどん大きくなり、やがて心身に不調が現れるようになりました。胃痛で食欲がなかったり、月曜日が来るのが嫌で泣き続けたこともあったそうです。「心身は限界でも休む勇気がなく、休める理由を必死に探していたように思う」と、当時を振り返ってまほさんは言います。

結局休職を決めるまでに何度かカウンセリングに通い、客観的にアドバイスを受けました。適応障害の診断をもらったときは「これでやっと休める」と心から安堵《あんど》したそうです。そのときから1年以上経ってあの頃を思い出すとき、もう少し無理してもっと深刻に心身を病んでいたら、まだ今のように回復できていなかったかもしれないとまほさんは言います。当時の自分に、「勇気を出して休んで偉かったね」と言ってあげたいそうです。

まほさんのように、心身の不調が出るまで働いてしまう人は意外と多いのかもしれませんが、そのような人は間違いなく休んだ方が良いはずです。**ただ、そこまでいかなくても、会社の常識に違和感がある、この環境に居続けると自分のことが嫌いになりそう、なんだか私じゃないみたい、自分の感性が死んでしまうように感じる、など違和感を持つ人もいると思います。**そんな違和感が起点になって、キャリアブレイクという選択肢を検討する人が多いように感じます。

会社の常識が全てになってしまう「文化中毒」

「別にクリエイティブな仕事をしたい訳ではなく、感性なんて無縁」と思った方もいるかもしれません。感性を英訳すると「sense」です。「sense」の語源のラテン語の名詞sensus（センスス）を見ると「感覚、自然の感情、理性、判断、意見、意義」とあります。実は、感覚という意味だけでなく、理性や判断という意味も入っています。

私が思うに、感性というものは、単に見た目が美しいものを感じる感覚だけではなく、人間本来の深い部分にあって、重要なことを判断したり、思考するために必要なものなのではないでしょうか。美しい、かわいいと直感的に感じる感受性とは異なり、「感性」というのは生きていく上でも働いていく上でも、大切にすべきことなのではないでしょうか。「あの人は素敵なふるまいをするなぁ」「お礼にプレゼントでも送ろうかな」「困っていそうだから助けたい」。何か、大切だと思っていることを感じる心が感性なのではないのかと思います。

そんな感性を環境によって、壊されてしまいそうになったときはどうしたら良いのでしょうか。守る手段について、気の置けない友人に会う、旅に出る、好きな本を読む、たくさんあっていいと思いますが、その中の1つがキャリアブレイクという文化なのではないかと思っています。

OECD（経済協力開発機構）の「社会的・感情的スキルに関する調査」（2021年）では、15歳の生徒が10歳の生徒に比べて創造性や好奇心が平均して低いという驚くべき結果が出ています。日本の教育では、人に迷惑をかけない、人の気持ちを慮《おもんぱか》ることに重点が置かれ、年齢を重ねるごとに、「創造性や好奇心」といった感性が発揮されて

いないというデータがあります。大人になるということは、そういうことだ、と小さな呪いがかかってしまっているようです。その結果、会社という営利を求めていく環境のルールに、自分の心が侵《しん》蝕《しょく》されてしまい、知らず知らずのうちに感性が蝕《むしば》まれてしまいます。

このような状況を指す、「文化中毒」（明治大学　竹中、2017）[*]という言葉があります。社会発展を目指し、会社という形態が利益を出し事業を拡大していこうと思ったときに、社内の文化を統一し、社員が心を合わせて事業に取り組むことを経営手法として取り入れることは、なんら不思議なことではありません。その中で、社内文化が一社員の個人文化、感性を侵蝕してしまい、時にはその人の機能不全まで引き起こしてしまうことがあります。

文化中毒の難しいところは、ある人にとっては中毒であるものの、会社を大きくしたいと一致団結している人にとっては誇りとなる社内文化であるということです。そのため、文化中毒となり、自分の感性が発揮できない状況になった状態を、社内では「弱者」、会社としての「落ちこぼれ」と認定されてしまうことがあります。たとえそうだとしても、地球全体の弱者ではありません。ただ、それに気付きにくいのが、会社であり、社内文化であり、文化中毒の恐ろしさなのだと思います。

自分に合わない価値観をブレイクする（壊す）

今まで小中高大学とレール通りに進んできた人の中には、「休む」という概念について、受け入れられない人もいます。会社に入って一定の給与がもらえて、多少環境が悪かったり、不満もあるかもしれない。**一方で、これは恵まれている方なのではないか、休みたいだけのために、職を手放すなんて甘えなのではないか、と、自分に休み**

を与える決断ができない人もいます。先にあげたまほさんもまさにその一人でした。真面目な人にとって、逃げや甘えとの線引きはとても難しいものになりますし、客観的に見ても、もう少し頑張った方がいいのか、辞める方がいいのか、という引き際の判断は難しいでしょう。

キャリアブレイクの「ブレイク」には「壊す」という意味も含まれているのかもしれない、と思うことがあります。ブレイクは「休息」「小休止」という意味があり、キャリアを小休止するという意味で、キャリアブレイクが理解されることもあります。たまに、「離職期間がキャリアを壊すなんて、そんな怖い文化はありえない。私のキャリアは壊れてません」などと言う人もいます。ただ、当事者とゆっくり話をしていると、そんな中毒になってしまった自分の価値観を小さく壊したいのではないかと感じることがあります。もちろん経歴全てが壊れる訳ではありません。**自分が気に入らない、足枷《あしかせ》になっている価値観を壊すのです。**その文化が醸成されたコミュニティや環境にいるときは、その文化を好んでいる人がいるため、「壊す」ということがしづらかったり、言いにくかったりしますが、一度、離れてしまうと自分に必要ないということがはっきりと分かり、壊そうと試みる人がいるようです。

視野が狭い中では見つからない「適職」がある

転職活動中に違和感を覚え、キャリアブレイクをする人もいます。さくらこさんもその一人です。さくらこさんが6年勤めた会社はホワイト企業であったものの、言われたことをする日々で、このままでいいんだろうかと閉塞感を覚えていました。転職を考え始め、留学経験で鍛えた英語を使える仕事を探したり、趣味でやっていた洋裁への関心からアパレルの採用を探したりと、過去の人生から好きや関心を棚卸ししながら転職活動を行っていました。

一見筋が通っているように見える転職活動でしたが、それでも自分の好きや関心を無理やりひねり出している感覚があり、楽しみになるような将来像を描けないと感じていました。そこで、視野が狭い中で適職や将来を考えていくのではなく、一度、キャリアブレイクをして感性を回復させ、選択肢を広げたのちに、もう一度、転職活動や将来について考えていこうと決断したのです。

転職を考える際、自分にとっての適職を探す人は多いと思います。そのときに、改めて自分自身を思い返したり、これからどんな人生を歩んでいこうかと考えたりしながら、適職や将来像を探していくでしょう。ただ、そもそもの選択肢が狭い、やりたいことや好きなことを思い出せない、思い出せたとしてもなんとなくひねり出したものに感じてしまう、などの人もいるようです。そんな適職探しに閉塞感を覚えるのは、少ない選択肢や、狭くなった視野の中から探そうとしていることが原因なのではないかと思います。そのため、さくらこさんのように、感性を回復させて自分の視野と選択肢を広げるために、キャリアブレイクを選択する人もいます。

さくらこさんは退職後、家の庭にあった梅の収穫、衣替え、クリーニングなど、ずっとやろうと思っていた身の回りのことに始まり、感性の赴くままに活動する期間をとりました。その中で、文化人類学の本を読んだり、洋裁をしてみたり、実はやりたかったことを思い出し、深い関心ごとの活動を始めたそうです。**結果的に、ITの世界に飛び込みたいと今までとは全く違う分野に挑戦することを決意しました。**WEB系の職業訓練とプログラミングスクールに通い、今はIT会社でプログラマーとして働いています。

離れたことで、自分の可能性を広げる無意識のところにある、本当にしたかった考えを拾い上げることができたとさくらこさんは振り返っています。キーポイントになったのは、退職してからほぼ毎日書いていたノート。モーニングノートと呼ばれる朝に行うジャーナリングで思考の整理を行っていました。その中で、男性中心社会だった前の企業から離れ、性別や年齢関係なくフラットに働きたいという思いが強まり、もっと場所や時間にとらわれず働きたいという考えが現れてきたそうです。

また、職業訓練に行ったことで同じ境遇の無職の友達ができて、仕事を辞めないと会えなかった人たちと打ち解けながら、人生について語り合えたことも大きかったそうです。職業訓練は登校しないといけないので、住んでいるエリアが近い学生が集まります。すぐに会える人たちに囲まれて暮らし自体が楽しくなったことも、自分を広げる要因になったようです。

3章

キャリアブレイクした人は、どんな再就職をしたのか

■再就職後、悩むときがあっても、納得はしている

私は今、1年の離職期間を経て、再就職してから約3ヵ月経ちました。キャリアブレイクをして良かったです。「キャリアブレイクを終えて、迷いは全て解消。毎日順調です」と、言いたいところですが、働き始めた今でもなお悩み続けています。ただ、キャリアブレイクして変わったのは、自分の人生を主体的かつ健やかに悩めるようになったことかなと思います。再就職して働き出してから少し経った頃、仕事に悩んでいる自分がいることに気付きました。前職では経験したことのない業務を任せられ、仕事を全うできるのか不安になり、さらにはお給料など条件面では有利な前職の大企業での仕事を続けていた方が楽だったかもしれないという思いさえよぎってしまうこともありました。せっかくリスクを取ってキャリアブレイクしたのに、また振り出しに戻ったような気もして、そんな自分に少しうしろめたさも感じていました。そこで、なぜキャリアブレイクを経てこの仕事を選んだのか、改めて振り返ることにしました。確かに今の仕事は前職と比べて条件面で引けを取る部分はあるし、経験したこ

とのない仕事に立ち向かうのはしんどい。けれど自分が大切にしたいことに立ち戻ると、それは大した問題ではないと納得しました。今の職場は、「私らしさ」を表現することが歓迎され、まだ会ったことのない私に出会える扉をドキドキしながら開ける場所です。前職では得られなかったその価値に惹《ひ》かれて選んだ場所でした。これからたくさんの課題に向き合うことになるだろうけど、この仕事を通じてでしか出会えない経験、景色、人たちは、必ず私の人生を面白くしてくれるはず。そう信じて前に進んでみようと思います。

キャリアブレイクは全ての問題を解決してくれる魔法の道具ではありません。でも私は仕事から一時的に離れた中で、自分の心地よいあり方、大切にしたい価値観を見つけることができました。

■同じ職場に復帰しても、できることが大きく変わった

エンタメ会社で働いていた私は、10年目に休職をしました。2020年3月、新型コロナウイルスの流行が転機でした。邁進《まいしん》していた担当業務は全て停止。突如として、未経験の仕事をしなければいけない状況になりました。感情を殺して淡々と業務

をこなすものの「一度きりの人生、このままでいいのだろうか」という疑問が拭《ぬぐ》えずにいました。総合職である以上、どのような仕事も一定レベルの成果を出すのは当然のことだと感じていて、「やりたくないからといってモチベーションが変わってしまう私は社会不適合者なんだ」と自分を責める日々でした。当時、唯一の救いは、利用していたオンラインのキャリアスクールで出会った仲間たちの存在。そこで私は3つの目標を立てました。①社外での活動実績を積みあげる、②セルフブランディングを行う、③そしてどんなに忙しくても、自分にとって生を実感できるクリエイティブな時間を確保する。それからは、平日は深夜まで仕事し、休日にブランド戦略を考える生活に。そんなときに運良く、会社では「スキルアップのための休職制度」の導入が決定。「これだ!」という直感が私を動かしました。1年間の休職に向け上司と交渉し、オフの時間は情熱のまま社外のビジネス・コンペティションにも挑戦しました。結果的に最優秀賞に選出され本格的にブランド・ストラテジストの道へと踏み出すことができました。

本格的にブランディングの経験を積むため休職に踏み切った私は1年間の自由な時

間と地元での生活を手にしました。休職中、他の企業に所属することもできましたが、最も自分らしさが発揮できると考えたフリーランスを選択。結果的には会社員時代の月収の2倍以上の売り上げを立てる月も何度かあり、好きなことを仕事にできると自信になりました。

こうして書き連ねると成功者のように見えてしまいますが、実際は決して順風満帆ではありませんでした。実家に戻ってしばらくはとてつもない眠気に襲われ、特に何かをするわけでもなく大半の時間は昼寝をして過ごし、起きている時間はYouTubeの動画を見るか、『進撃の巨人』を読むかの繰り返しでした。でも、10年走り続けてきたのだからそういう「何も生まない時間」がとても大事だったようにも感じています。

1年の休職を経て、会社員として元の部署に同じポジションで復帰しました。会社の人たちには「そのまま辞めちゃうと思った」とよく言われるのですが、私の思いは結構シンプルです。やりたいことが見つかったから、会社に戻ることに決めました。休職期間を通じて両思いになりたい相手が会社の中にたくさんいることに気付き、この力をここで発揮したいと強く思うようになったのです。本当はすごい可能性を秘めているのに、気付いていない人が多いのはもったいない。一人ひとりの可能性を開花させ、ブランディングの力で会社の人の心に火をつけたいと考えています。休職前の自分の選択肢は「会社員を続けるか」「辞めるか」の二択しかありませんでした。でも、第3の解は私がつくる。そんな気持ちで自分らしく、本業も副業もどちらも真剣に楽しくやっていくことを決めました。

キャリアブレイク後の3パターン：復職・転職・独立

キャリアブレイクを取ったあとの人には、元の会社に戻る「復職」、元の会社とは異なる会社に就職する「転職」、フリーランスや個人事業主、起業といった方法で働き始める「独立」の主に3パターンの行動があります。もともとは復職を目指していたけれど、転職した人もいますし、転職を目指していたのに独立した人もいます。他の会社に転職するつもりだったけれど、いろいろ考えた結果、元いた会社に復職することを選んだ人もいます。それくらい、自分が考えていることというのは、分からないものであり、特に文化中毒や混乱している時期に正しい判断をすることは難しいということです。

「復職」というと、わざわざ辞めた意味があるのかと思う方もいらっしゃるかもしれません。しかし前に紹介した方やゆきさんのように、納得感を持って同じ職場に戻られる方もいます。

ゆきさんはテレビの制作会社で働いていました。憧《あこが》れて入ったテレビの世界は忙しくもやりがいのある仕事でした。ただ、制作という仕事は、毎日とめどなく放送されるテレビに追いかけまわされるように、作っても作っても終わりのない仕事のように思えて、苦しい時期があったそうです。また、作りたい自分の感性や心があったとしても、番組やテレビ局の意向を優先することが当たり前で、ロボットのように感じることもあったそうです。そんな中、体調を崩し休職しました。

休職したときは、元の会社に戻ることは全く考えておらず、自分を苦しめてきた仕事、という印象でした。ただ、改めてその場から離れてみると、気持ちが解放され、今までやりたかったことや、自分の将来について明るい気持ちを持てるようになってきました。**そこから、ふと、再び「テレビの制作がしたい」と思い始めたのです。**忙しさによって忘れていた、自分が本当に制作でやりたかったことを思い出しました。制作の渦中にいるときは、近視眼的で忙殺されてしまっていたのですが、こうやって離れてみると制作を通して社会の素晴らしい出来事を発信するという、大志があったことに気付きました。そこから半年の休職を経て、元いた会社に復職し、今も働いています。

もちろん仕事は同じ状況なので、相変わらず忙しいようなのですが、それまでのように近視眼的になりすぎず、大志に向かって働いているという実感が持てるようになってから、働くのが楽になったと言います。

実は意外と多い復職

私が個人的に驚いたのは、この方のように復職する人が一定数いるということです。

キャリアブレイクを人生の転機のように感じて大きな変化を求め、現状を変えようと業種や職種をシフトしようとする人はもちろんいます。しかし、現状の仕事に不満があって離れているのだからどこか別の環境にいくのだろう、と私自身が勝手に決めつけたイメージを持っていたことに気付きました。

一方で、そういった目に見える転機だけではなく、自分の中で働くことの納得感にたどり着くような、内面的な転機を経て復職していく人もいます。傍《はた》から見ると、小休止を経て、また同じ仕事に戻っていく様子しか見えないので、どこか物足りなさを感じたりもしますが、本人の満足感は高いのです。社会から離れると、評価軸が格段に減って、最終的には自分の納得感が判断の上位に来ます。そうした一人ひとりの決断、自己決定はとても尊いと思います。

復職するときにちょっとした特徴があります。**仕事から離れている間に、改めて現状の仕事を続けることに納得感が整った「パーパス（目的）型」の人。**このタイプの人は、小休止を経て、自分のパワーの拠《よ》り所を再発見し、元の環境でも納得感という強さを持って働き始めます。

また、復職するときに、自分のやりがいのある趣味や活動、小さな仕事を小脇に抱えて戻っていく「スラッシュ型」の人がいます。スラッシュとは「／」のことです。

パーパス型

スラッシュ型

スラッシュキャリアとは、「医者／プロレスラー」「事務員／アクセサリー作家」「看護師／カメラマン」「大学職員／料理人」など、複数の肩書きや職業を持ち合わせることを指す言葉で、2007年にアメリカのジャーナリストであるマーシー・アルボハーによって提唱された概念です。キャリアブレイクを経て、会社から一度離れてみて、自分のやりたいこと、やってみたいことが見つかった。ただ、それを職業にするには、心もとない。一方で、元いた会社では、生きがいとまではいかないが、自分の能力が活かせていることを再認識できた。**そんな人は、「職業／やりがい」のように、自分を心地よく保てるバランスにするためにスラッシュの状態で復職します。**

小さなやりがいを抱えてバランスをとる人たち

正社員として飲食店で働いていたゆいさんは、休職を経て、スラッシュ型で復職した一人です。人と接することが好きだったゆいさんは飲食店での接客の仕事もそこまで苦ではありませんでした。

ただ、店長が変わってからは売上に対しての意識が高まり、お客様ファーストではないお店の状況に心がついていかないときがあったそうです。そんな中、心身のバランスを崩し、休職に入りました。飲食店から離職することも視野に入れながら、せっかくの休職期間ということで自由に過ごしていました。その中で、昔からやっていたピアノに触る機会があり、純粋な喜びを再発見しました。ピアノに触れることは、売上や社会のためといった目的至上主義から離れた場所にあり、純粋に自分の喜びだったのです。**そんなピアノを本業の仕事にするのではなく、近所のピアノ教室でピアノの先生のバイトを始めました。**たった週1回です。金額にすると微々たるものですが、精神的には大きな変化だったそうです。

そんなピアノ教室を経て、やはり接客の仕事をしたいと、元いた飲食店に復職しました。ただ、今までのように、売上目標に従うだけではなく、自分の心身のバランスを保ち、自分なりに働くスタンスを取れるようになったと聞きます。

このように、本業ではないスラッシュの片方は、ほんの些細で副業というには小さなものであっても、その人の働く価値観を整えてくれるものになっています。

ゆいさんのように、キャリアブレイクを経て、単純な復職ではなく人生を小さくデザインし直した人たちがいます。**週に数時間、月に数時間かもしれませんが、その小さな生きがいや納得感は大きなインパクトを及ぼします。**もちろん、副業、複業のように大きく育てる人もいますが、それだけが全てではありません。小さな生きがいや納得感が心のバランスを保ってくれたり、心のバランスが保たれたおかげで本業のモチベーションがアップしたり、はたまた、小さな活動を通して出会った人や知った出来事が本業にとって良い影響をもたらしたりもします。

キャリアブレイクを行ったからには、どこか大きな変化が必要だと感じてしまう人もいるかもしれません。実際は、その変化、転機というものが、他人から見ると小さな出来事に見えることも多いのです。

自分の心の高まりに従って転職する人たち

離職するときに、目的や方向性を持たずに辞める人も多くいます。その人たちが安易に無計画な訳ではなく、あえて決めすぎないようにしたことで、良い転機になったケースがあります。そういった人は、無計画でありながらも、自分の心の声を聞き、その声の通りにパワーや時間をそそぎ動いていく。そんな活動を通して、エネルギーを高めていき、その高まりの方向に転職していきます。

人材コンサルの会社に新卒で入社し、2年目で次を決めずに離職したえつこさんは、「何かやりたいことが明確にあって辞めた訳ではありませんでした。言語化はできないけど、思い描きたい未来にもっと近づきたくて、そのためには、仕事から離れるという手段が当時の自分には必要でした」と辞めたときの心境を振り返ります。

せっかく新卒で入った会社だったので、離職する決断もなかなかできずにいましたが、「辞めよう」と心の底から動ける感覚が舞い降りてきたタイミングで、離職したそうです。自分自身で主体的に転機をつくろうと一念発起し離職したため、初めは「何かしなきゃ！」という気持ちが強く、オンラインのキャリアスクールに入ってスキルを学んでみたり、住む場所を変えて、ゲストハウスの住み込みスタッフとして働いたり、その他、いろんな人に会ったりしたそうです。そんな生活を続けていると仕事を辞めたはずなのに、なぜか忙しくなってしまい、予定をこなすので精一杯になってしまっていました。

そんな中、学生時代にした原付きバイク旅の楽しさを思い出して、「またしたい！」と思い立ち、四国一周スーパーカブの旅に出ました。社会人になると何事も目的や成果、やる理由などが求められがちです。一方で「この旅で感じた心の底からのワクワクや感動は、言葉にするのは難しいですが、とても豊かで、人間らしさを感じた出来事でした」と振り返ります。

四国一周から帰ってきてからは、「自分の心が動くこと」「自分が本当にしたいこと」にフォーカスできるようになったと言います。所属していたコミュニティ内で自分がワクワクすることを企画したり、商品開発をするプロジェクトで0からものづくりをしたり、働いてみたかったBARでバイトをしてみたり。**その中で、「組織に属してチームの一員としてサービス作りに携わりたい」と思うようになり、転職活動を始めました。**キャリアブレイク中に「自分たちで企画して、それを〝形〟にする」を経験したことが大きかったようです。ゲストハウスやBARで「人が集まる場」に携わり、将来的にはサードプレイスのような場を作ってみたいと思うようになっていました。今はカフェやレンタルスペースなど〝空間〟を運営する会社に転職をし、マーケティングや事業企画の業務を担当しています。大きい会社ではないので、実際のところ多岐にわたる業務を担当していますが、前職とは違う学びがたくさんあるそうです。

えつこさんのように、直観的に離れることが必要だと感じて離職する方もいます。あまり先を決めずに、直観的だからこそ、周りからはびっくりされます。もちろん働きながらも学んだり、活動したり、自分の心が動くことを見つけたりはできるかもしれません。**しかし、今あるものを手放したからこそ、入ってくるものは大きく、納得感のある転機を生み出します。**

キャリアブレイクをしたえつこさんは、「自分の心が動くことにフォーカスできるようになりました」と語ります。自分の心が動くことにフォーカスし、自分のパワーが発揮される方向へ進んでいくと、離職する前には考えられなかった新たな道を納得して選ぶことができるのです。

学び直しを経て新たな道へ進む人たち

他にも、様々な形で転職する人たちがいますが、いくつかの特徴があります。まず、復職と同じく「パーパス型」「スラッシュ型」の方がいます。**それに加えて、キャリアブレイクの途中で、新たな進路に興味が湧いた人たちは、学校に通ったり、その道に進むためのアルバイトをしたり、スキル習得の道に進む「リスキル型」の人もいます。**デザイナー、IT、看護師、イルカの調教師など、様々なスキル習得を目にしてきました。辞める前から、目指している資格があってそれに向かって精進する人もいますし、キャリアブレイク中に人生を模索した中で、ITプログラマーが私の人生に適しているかもしれないと気付き、スキルスクールに通う人たちもいます。

日本には離職者訓練や求職者支援訓練という厚生労働省がサポートしている職業訓

練の制度があります。そこでは、デザインやプログラミング、簿記会計、医療事務、などいくつかのコースを学べます。場合によっては雇用保険が適用され、無償で受けられることや、手当てがもらえる場合もあります。

もちろん、民間のスキルスクールや、自治体の補助などを使って学び直しをする人もいますし、国内外の大学院に通い始める人もいます。そうやって身に付けたスキルを元に転職活動を行い、社会に接続していく人がいます。

36歳で小学校教員を目指した

36歳で教員になりたいと大きなキャリアチェンジを目指したタカヨシさんもそのうちの一人です。

タカヨシさんは求人広告の営業、専門学校での広報と講師、その後地方自治体や省庁で行政事務の仕事に就いた経験がありました。傍から見ると転職も多く一貫性がないようにも見えますが、その時々では、考え抜いた転職だったそうです。

直近の地方自治体での勤務ではワークライフバランスの取れた職場に満足はしてい

たものの、ふと自分自身のことを俯瞰《ふかん》したとき「20年経ったらあの上司みたいになるのか。それでいいのか。後悔しないのか」と不安が頭をよぎったそうです。そんなある日、専門学校時代の教え子に出会いました。その教え子に今は行政で働いていると伝えたところ、すぐさま「え、先生は先生をやった方がいいですよ」と言われたそうです。**「教員免許は持っていないから」と話すと、「だったら免許とったらいいじゃないですか」と気軽に返されたそうです。**

そのとき「簡単に言うなよ」と反応した一方で、何か待ちに待った許可を得られたような気持ちになったと振り返ります。タカヨシさんは、36歳から小学校教員を目指すことになります。

「(教員を目指す私を)誰かあいつを止めてやれ、と冷ややかな声も聞こえてきたが、自分にとってはとても自然な選択だった」とタカヨシさんは振り返ります。約半年間の研修を受けることで臨時教員免許を発行してもらえる、認定NPO法人Teach For Japanのフェローシッププログラムに出会えたことも大きな前進につながったそうで、周囲の反応とは裏腹に、新しい人生が開かれていったそうです。

そして、退職した次の年度から小学校教員として働くことになったのです。

「今から小学校教員なんてできるの？　と心配もされたが、結果は私が思った通りだった。何のストレスもなく、毎日、息を吸うように仕事ができた。これまでの経験から、教育、行政の立場、管理職の考え、保護者の視点なども手に取るように理解できた」と、手応《てごた》えを感じています。**当時を振り返ってみて、「考えが変わったときに動ける自信を持つことが大切」とタカヨシさんは語ります。**行政に入ったことも納得感があったがゆえの言葉かもしれません。

入った当初の志を一貫して保つという考え方もありますが、考えが変わったときに、自分と社会との距離感を見直すことも必要なのではないでしょうか。

介護士から看護学校を経て看護師へ

もう一人、学び直しを経て、次のキャリアを歩んだ方のエピソードを紹介します。高校を卒業後、特に夢もなく介護士の母の紹介で高齢者施設に就職したもえさんです。

就職当初はいつ辞めようか、辞めるタイミング、辞める理由を探していましたが、どんどん介護職の面白さにはまり、気が付けば約10年。**役職にもつき、注意されることや叱られることもなくなり「このままでいいのかな」と考える時間が増えていたそうです。**尊敬する上司、人間関係の良い職場、お給料を貰い裕福ではないけれど欲しい物が買え、好きな物を食べることができ、行きたい所にも行ける。辞める理由がない。それでも自問自答する日々が続きました。

そんなある日、電車に乗っていた外国の方のキャリーバッグが動いてしまったとき、とっさに「へい！」と声をかけると、ナイスガイから「Thank you!!」とウインクつきで返事をもらいました。その瞬間、「カッコイイ〜。あっ！　海外行こぅ」と閃《ひらめ》いたそうです。**働き始めてから10年間、ヘルプ要請があれば夜中でも施設に向かえるように携帯をマナーモードにしたことがなく、自分を犠牲にしてきたこともあったなと思ったもえさんは、20代の最後、自分のやりたいことをしようと決めました。**

翌日、経緯を話すと上司は賛成してくれ、退職の準備に入りました。退職後は念願だったアメリカのサンフランシスコへ行き、ホームステイをしながら語学学校へ1ヵ月通いました。その当時、英語力はなし。税関で「いくら持っているんだ?」との質問に、よく分からず1と0をたくさん書き、別室に連れて行かれたことも、野球観戦のスタジアムでパスポートを落としたこともありました。伝えたいのに伝わらない、聞きたいことも聞けないことで涙を流すこともありましたが、出会いには恵まれていました。泣いているときにハグし励ましてくれるホストファミリーや、たくさんの友達に助けられ充実したアメリカ生活を送ることができました。そして、改めて日本の素晴らしさを実感し1ヵ月の留学を終え帰国。留学して覚えた言葉は、「Go straight」と「I want to go to the restroom」のみでしたが、自分で決めて、自分で動くことを覚えたもえさんは無敵状態でした。

　帰国して退職した職場に戻ることも考えましたが、改めて介護士として働いていた頃、介護士では医療的なケアはできず、看護師だったらできるのに……と悔しい思いをしたことを思い出し、復職する前に看護の資格を取るべく看護学校に通うことを決意しました。看護学生は想像以上に過酷で、人生で一番勉強し一番寝不足の2年間

リスキル型

だったそうです。**26人で入学したクラスメイトは、卒業時にはもえさんを含め6人になっていました。**

卒業後、病院勤務を考えましたが、お世話になっていた上司へ恩返しの気持ちで前の職場に介護士ではなく、准看護師として勤務することになりました。「全てに意味があり、全ての経験があったからこそ今の自分がいる」と、もえさんの語る言葉には説得力がありました。

ここで1つ個人的に気になったのは、新しい挑戦に対して周囲から「難しい」と言われることがとても多いということです。異業種や異職種へ進もうと学び始めた人たちに対して、優しさも相まって周囲からは心配の声が届くことはよくあります。悪口ではなく、純粋な心配からくる一言かもしれませんが、その一言によって、将来が不安になったり、やる気がそがれてしまったり、自分自身を信じられなくなることがあるかもしれません。

でも多くの人は、そんな心配をよそに、自分の道を切り拓《ひら》いていきました。もちろん半端な想いでは実現しませんが、タカヨシさんやもえさんのようにキャリアブレイクを経て、自分がこうだと思った道を強く進んでいく人もいます。

自分の興味のままに爆発してから転職する人たち

リスキルという意味ではなく、ワーキング・ホリデー（以下ワーホリ）にいく、自分の関心があった海外の大学院にいく、挑戦してみたいことがある、1年だけ絵を描くことに没頭したいなど、純粋に自分のエネルギーを爆発させ、そのエネルギーを元に転職していく人もいます。自分が発揮できたパワーと会社のビジョンが重なれば、会社としてもこんな心強いことはないでしょう。**そういう意味でも、キャリアブレイクを思いっきり自分のエネルギーを確認するような時間として捉《とら》えている人もいます。**

転職を繰り返したけれど違和感があり、キャリアブレイクをしてワーホリへいくことを決断しためいさんの話です。めいさんは結果的に、ワーホリで感じた自分にとって大事な価値観に合う企業を、日本に帰ってから見つけてそこに転職することができました。

めいさんがカナダでワーホリに参加したのは2021年3月のコロナ真っ只中《ただなか》。日本で働いているときは、〝やらずに後悔よりやって後悔〟という自分の信念を貫くために数回転職を繰り返していました。しかし、「信念ではなく、ただ何も続けられないだけなのではないか」と自己否定が強くなっており、「言葉も通じない、何も持たない自分でどこまでできるか知りたい」と思い、カナダへ行くことを決めたそうです。

言語の壁、文化の違い、ぶつかった壁は数知れず。仕事中に英語が全く分からず、同僚を奥から引っ張り出して通訳してもらったり、シェアハウスでは文化の違いから誤解が生まれ、「出ていけ」と言われたり……。けれど、そこで出会った人たちは、みんなありのままのめいさんを認めてくれたそうです。「環境を変えてみることは逃げではない、飾らずそのままの自分で大丈夫」という気持ちを手に入れたとめいさんは語ります。

そしてカナダは、世界から文化や治安の良さなど、各々様々な理由で移住してきた人々で成り立つ国です。バックグラウンドや文化、肌の色や言語の違いにより、お互いのことを否定せずに受け入れることが、当たり前のように重要視されていて、そこにいることがとても心地よい。履歴書には年齢も性別も書かないし、写真すら貼らなくて良い。誰も人のことをジャッジしない。だからこそ皆、誰の意見も気にすることなく、自分のための人生を歩んでいる。そんな環境で、「人生に正解はない。自分の選んだものが正解になるんだ」と心から思うことができたそうです。

当時は、転職サイトを見てもピンとくるものはなく、画面をスクロールし続ける日々でした。どうせならカナダで得たもので自分を広げていきたいと考えたときに、頭に浮かんだのは〝人と人がつながる場所〟でした。オンラインで探し続けた結果、見つけたのは一度離れたブライダル業界の会社でした。**見つけた会社は、めいさんがカナダで気付いた多様な価値観を大切にしたいという理念を持っており、そこに共感できたようです。**コロナで一度は離れたけどもう一度飛び込んでみてもいいかもしれない、もしダメなら海外でまだ学んで来いって意味なのかもしれないとエントリーしたところ内定をもらいました。今は帰国し、ウェディングプロデューサーとして働いています。

大人になると、全力で何かに取り組むということが減っていくように思います。もちろん、日々の仕事や子育て、家事に全力で取り組んでいる人たちはたくさんいると思いますが、そういった周囲のミッションに対して全力で取り組むのとはまた違う、たった一人、自分だけが信じて自分で取り組むことです。

周囲から理解されなかったり、うまくいかなかったりと、辛いこともあるかもしれない。それでも、自分のエネルギーを爆発させたい、挑戦したいと考える人たちがいます。リスキルして転職しよう、というような、具体的な仕事につながることを目的にしていないパターンです。**一見、転職に苦労しそうなように見えますが、そのエネルギーの高まりに共感してくれる人たちに出会うと正しく評価されます。**スキルではなく、人間としてのエネルギーが伝わるのです。

明確な目的がなくても「偶然」から道を見つける人たち

転職のパターンの中では、キャリアブレイク特有のように感じる、縁で社会復帰する「活動縁型」というケースがあります。キャリアブレイクを機に、移住して心地よい生活を整えることから始める人や、やってみたかった活動やアルバイトを順番に試していく人など、新しい活動を中心に過ごす人がいます。彼らは今までは絶対に会わなかったような人や価値観と出会い、選択肢を広げていきます。その活動の縁の中で、就職が決まるタイプです。そんな人たちは口を揃えて、たまたま、偶然と言いますが、そうではないと思います。スピリチュアルな言い方に聞こえるかもしれませんが、何かを手放したときにできる空白には、「運」が入り込みやすいのかもしれません。

活動縁型

まさに活動縁型で社会へ再接続した方がなおるさんです。なおるさんは、新卒で入った家電量販店を2年で退職し、離職期間は関心のある場所や人を訪ねる時間にしていました。**そんな中で、「思いつき」で訪問したのが大学時代の恩師のところです。**離職したことを聞いてがっかりされるのだろうと思いながらの訪問だったそうですが、そこで受け取ったのはねぎらいの言葉でした。肩の荷が下り、安堵《あんど》から頻繁に先生の下を訪れるようになったそうです。先生は、自分が輝いているときを知る存在で、そんな先生と相談ではなく、ただ会話をする。その過程で今と過去の自分を照らし合わせ、自分の感性が動く先を探していました。

そしてあるとき、先生のもとを打ち合わせで訪問していた今の職場の上司に出会い、現職へ就くに至ります。このような突然の出会いは、転職活動やスキル習得などの努力ではありえなかったような出来事です。

なおるさんはいま、地域生活定着支援センターというところに勤めています。罪を犯してしまった帰り先がない、障がい者や高齢者が刑務所や拘置所から社会に戻る手助けをする福祉の仕事です。そこで駆け出しの相談支援員として、刑務所に出向いて受刑者と面談を重ねながら、福祉や社会について勉強しています。

離職期間は、自分が自由にデザインできる時間ですから、いろんな活動が生まれます。暮らしを豊かにしてから就活したいと移住を先に決める人、関心があったことを思い出したくて母校の恩師を訪ねる人、少しの興味がある分野でアルバイトを始める人、ふと思い出した知人と再会する人。それはどれも、就職のための活動ではなかったようですが、結果的に偶然の出会いから仕事が決まる人たちがいます。**仕事を見つけるというのは、「仕事内容」を見つけることではなく、「一緒に働きたい人」を見つける旅でもあるように感じます。**

会社以外の選択肢に気付く人たち

最後に、独立、起業、副業、複業に至った人たちを紹介します。**社会から離れてみて本当に自分がやりたいことを見つけ、起業する人もいますし、小さく試してみたことが花開きフリーランスの道に進む人もいます。**また、ライフスタイルを模索した結果、会社で働く、ではなく、自立するしかない、と発起して独立に挑む人もいます。

ＩＴ系の会社に勤めるヒロさんも、新しい選択肢に気付いた一人です。小さい会社だったこともあり、営業・事業コンサルタント・コピーライターなどの領域も並行して担っていました。常に成果を上げるための不安と物理的な業務量に追われ、寝ている時間も含めて24時間仕事をしているような状況で、次第に身体の不調を感じ始め、それに伴って心も不安定に。**結果、勤続4年になるタイミングで適応障害と診断され、6ヵ月間の休職をすることとなりました。**ただ、自分のアクションが事業拡大へとダイレクトに反映され、株式上場までつながっていくという稀有《けう》な経験を得られたのは何物にも代えがたいもので、その期間を後悔している訳ではないと振り返ります。

休職期間中の前半2ヵ月は単純に体調が悪くて何もできない日々を送っていましたが、次第に体調が良くなってきたタイミングで「自分」と「キャリア」を見つめ直すようになっていきます。**今まで「やりたい」と思ってやってきた仕事は本当に心からやりたいことだったのか。**こういう状態になったのは誰かのせいではなく自分の認知や性格が招いたものだったのではないか。ひいては今後はどういう環境を自ら作り出せば、これまでの知見を活かせて独自のポジションを作っていけるのか。自分自身の性格の見つめ直しから、スキルやキャリアの棚卸しをする時間に充てていったのです。結果、自分の強みを生かして自分を愛せる働き方の1つとして「文筆」と「香り」というキーワードを導き出しました。

「文筆」は学生時代から小さな成功体験がありました。そこに仕事で培ってきたコピーライターの力が加わり、その要素に何かを掛け合わせて独自の表現と働き方を実現

フリーランス型

起業型

しようと考えました。そこで、学生時代にずっと関心のあった「香り」をこの機会に学び直すこととしたのです。

実は「香り」は大学時代に心理学部で植物由来の香料である精油が人間にどのような心理的影響を及ぼすかを研究していた時期があり、新卒時代に香料会社への就活も行っていた時期もあったほどでした。**ただ就活では縁がなく、香りの世界には行かなかったため、忘れ去っていた関心事でした。**それをこのタイミングで「自分は何が好きか？」という問いの中から思い出していき、休職中にスクールに通うことで香りのブレンド方法を習得していったのです。

休職中の自主的な活動を通して気付いたのは、自分を押し殺していたことが原因で身体を壊したのではないか、ということ。それに気付いたことで、会社での働き方も見え、転職ではなく復職に至ります。ヒロさんは、復職した後も香りの活動は続けています。個人事業の位置付けで「言葉」と「香り」を組み合わせた「文筆調香」という価値提供をし、クライアントそれぞれのニーズに合わせたコンセプトと香り作りを行っています。

ヒロさんはこのように振り返ります。

「**こんな働き方になったきっかけが休職というある種の強制終了だった訳ですが、誤解を恐れず言うとあのとき休めてよかったと思っています。**キャリアに傷がつくとか、周りの目を気にするとかが最初によぎった感情ではあります。ただ、その感情を横に置き、これまでできなかったことや考えられなかったことに向き合う。その先には、ありのままの自分を受け入れ、自分で自分の人生の手綱を握り直すきっかけが得られ、人生の大きな転機となりました」

「そういえば好きだったこと」が仕事になった人たち

もがきながら、好きだったことに巡り合えたユカさんも、最初は会社に在職しながらの転職活動を続けていました。「動いて悩んでもがいて、また動いてそれでもうまくいかなくて立ち止まって、それでもまた動いて。本当にこの先事態は好転するのか、ずっとこのままどうしたらいいか分からないままなんじゃないか、とにかく終わりのない薄暗いトンネルの中にいる気持ちになったりもした」と、苦しい時期を過ごしたことを振り返ります。

それほどユカさんにはこの転機でゆずれないものがありました。

営業職だった当時、自分の人生で何が欲しいのか、何を成し遂げたいのか考えたとき「時間を忘れるほど夢中になれること」「自分を表現できる何か」「それを通じて誰かのためになる事業をする」を軸に据えたユカさんは、うまくいかない転職活動の中であっても「つくる仕事」がしたいという思いを強く持ちながら、活動を続けていました。しかしそれもうまくいかず、次の就職先を決めずに退職するに至ります。

「焦りが募り、動いても動いても空回り、だんだん自分がどこへ向かいたいのか分からなくなっていきました。もう失敗しようがどうでもいい。むしろ失敗という経験が欲しい。それが必ず自分の糧となり、成功に必要なことだと分かっていました。そういった思いもあり、退職を決意しました」と、その言葉通り決意を込めてキャリアブレイクをスタートさせたのです。

退職した当初は転職を頭に入れながら求人サイトを眺めていました。転職サイトのスキルの入力欄で、デザイン、ディレクション、プログラミング、などが並ぶ中でふと「イラスト」という文字が目に留まったそうです。

「そういえば絵、描くの好きだったな」と、軽い気持ちからスマホにお絵描きアプリをダウンロードしたことがきっかけとなりました。ユカさんが家族や友人のイラストを描くとみんな喜んでくれて、何人かの友人から「これ仕事にできるんじゃない？」と言われたそうです。本気で仕事にできるとは思っていなかったけれどとりあえずインスタグラムのアカウントを立ち上げて、イラストの投稿を続けました。

そこからは、想像もしていなかった世界が広がり、人生が動き始めました。イラストレーター・デザイナーとして個人のお客様や企業から仕事をもらうようになったのです。会社という後ろ盾がある立場ではなく、何もない、一個人としての仕事を評価してもらえたことがとても嬉《うれ》しかったそうです。

今、ユカさんはイラストレーターとして活動をし始めて3年目になります。「自分のしたかったことを成し得ることはこんなに幸せなのかと、大袈裟《おおげさ》かもしれないですがいまだに心が震えます」というユカさんの言葉には実感がこもっています。

つくる仕事がしたいという強い想いを持ちながら転職活動をしていたユカさんも、実績がなかったり、縁がなかったり、会社の仕事との両立が難しかったりして、その頃は相当苦労されたようです。「日々に忙殺されているとき（在職中）は、こんな風に考えられなかった」と、まさかイラストを描き始めるとは思わなかったようですが、思い返せば昔から好きなことでした。

そんな状況から、イラストレーターとして独立して3年経ったユカさんは、「立ち止まったからこそ自分と向き合えて、知らない間に自分で設けていた固定観念を外せたり、新しい道や可能性に目を向けられた」とキャリアブレイクを振り返ります。

「そういえば好きだったこと」とは、思い出してしまえば、簡単なことかもしれませんが、そんな簡単なことさえも忘れてしまうほど、忙しい日々を送っている人はたくさんいるのではないでしょうか。

ブレイク期間も含め、納得できるキャリアになる

一般的に、離職期間や無職期間はブランクと言われ、無価値で何もしていなかった期間とされてしまうこともあります。ただ、実際は、ここまで紹介してきた方たちのように、この期間が大きな意味を持つことがあるのです。

時には、働いていた期間よりも、人生にとって大きな影響を与える期間となっている人もいます。**すなわち、「ブランク」ではなく、「キャリア」なのです。会社に所属している期間だけが、キャリアなのではありません。**会社に所属している期間だけ、成長している訳ではありません。

キャリアとは直訳すると「経歴」です。キャリアの語源は、ラテン語の車を曳《ひ》くことでできた車道という意味の言葉です。この言葉どおり、みなさんが人生を歩いてき

たその道こそがキャリアなのです。いつからか、キャリアのことを「職歴だけ」と誤認する機会が増えたように感じます。このキャリアブレイクの期間が、キャリアとなって積み重なった結果、次のキャリアが生まれているのです。

傍《はた》から見れば計画性がなく危なっかしいキャリアで、たまたま良い仕事に就けたから、そんな悠長なこと言えるんだ、と思う人もいるかもしれません。ただ一方で、新卒で入社して、そのまま定年を迎えるといったような前提が崩れた今、新卒入社からスキルを活かして転職してキャリアアップしていくような分かりやすくきれいな転職街道だけがもてはやされている気がします。**ストレートな道だけでなく、十人十色でいろんな回り道や曲がった道を紆余曲折した結果、納得感のあるキャリアにたどり着いた人たちもいます。**そんな人たちは、今のキャリアが正しかったかどうかは分からない、ただ、納得している、と教えてくれます。

4 章

キャリアブレイク中、どう過ごしたのか

キャリアブレイク中の5段階

キャリアブレイクは一時的な離職期間、一時的な無職期間であるため、働く環境へ戻っていく人がほとんどです。短い人だと1〜2ヵ月、半年くらいの人も多いですし、1〜2年という方も珍しくはありません。貯金の金額から逆算して期間を決める人もいますし、自分にけじめをつけるために期間を決める人もいます。また、せっかくだからと期間を決めずに納得いくまで離れる人もいます。

社会から離れ、キャリアブレイクをしていると、いろんな感情が身体をかけめぐります。前向きにキャリアブレイクしたはずなのに、焦りや劣等感が湧いてきてしまったり、昨日はやる気に満ちていたのに、今日は不安で集中できなくなってしまったり。そんな浮き沈みが起こってしまうキャリアブレイクは、当事者にとってはとてもストレスのあることです。**そんな日々の気持ちの浮き沈みに心が持っていかれてしまうときもあるのですが、中長期的に見ると、必ず前に進んでいます。**

キャリアブレイクの5段階

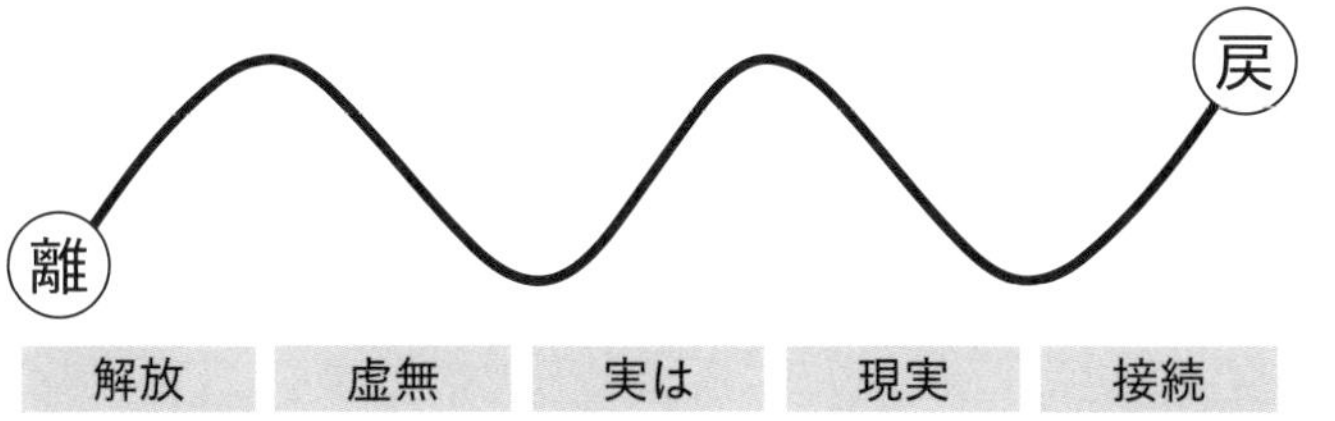

キャリアブレイク研究所では、500人以上もの体験者の方の話を聞き、キャリアブレイク中の時間は5段階に分けられるのではということに気付きました。

あるとき、毎日、日記を書きながらキャリアブレイクを過ごしていたある女性が、「自分がやりたいことを見つけるまでに108日かかりました。今まで身体に溜まっていた社会の常識という名の108の煩悩《ぼんのう》を振り払うようでした！」と教えてくれました。3ヵ月のデトックス期間というのは、この方の体験ではありますが、日常にもいろんな「時間」を区切る文化があります。たとえば、故人が亡くなってから49日間は喪に服す「四十九日」。7歳、5歳、3歳で成長を確認する「七五三」など。人間が転機を迎えるにも、気持ちのリズムや時間的な変遷があるのではないかと考えました。

これから説明する「キャリアブレイクの5段階」は、

研究で証明されている訳ではないのですが、様々な経験談の聞き取り調査から見えてきた傾向をまとめたものです。

もちろん、5段階ではなく、3段階の人もいましたし、1段階の人もいました。3段階目まで進んだけど、1段階目に戻る人もいます。キャリアブレイクに正解なんてありませんし、この順番で進んだ方が良い、ということもありません。**ただ未知なるキャリアブレイクという経験の、ほんの小さな目安にしてもらえれば幸いです。**

とにかく飽きるまで休む：解放期

会社を辞めると、当たり前ですが、会社にいかなくていい日々が始まります。「よくここまで頑張りました」という自分へのねぎらいや、「やっと休める」といった安堵《あんど》、「これからどうしようかな」という小さな不安、などいくつもの気持ちが湧いてきます。

せっかくできた時間なので、まずは以前からの小さな願望を叶《かな》えていく人が多くいます。アラームをかけずにお昼まで寝る。見たかった噂のドラマを見る。長らく会っていなかった古い友人とカフェに行く。ポテチを食べる。やりたかった勉強を始める。

解放
虚無
実は
現実
接続

歯医者に行く。あてもなく電車で旅に出てみる。美容マッサージに行く。家の窓から外を眺めて1日が終わることもあるでしょう。

今まで、時間がなくてできていなかったことを、片っ端からやっていき、小さな願望を解放していきます。**そうした小さな自己決定は自分を元気にしていきます。**いつまで休んでもいいですか？　と聞かれるときもあります。キャリアブレイクを経験した何人かの声をそのままお届けすると「飽きるまで休んでください」。すると不思議なことに何かが始まります。

次を決めずに退職したささきさんも、すぐに次のことは考えなかったと言います。最初はせっかくの時間なので、ちゃんと内省しようと自分の感情と向き合い続けていましたが、息が詰まりそうになっていたので、思い切ってしばらく環境を変えてみようと旅に出ました。旅程を自分で決定していくことを通じて、ちょっとした自己効力感を感じることができ、なんだか心が前向きになったと振り返ります。その後も、ゆっくり休み、朝起きて、コーヒーを飲んで、太陽を浴びる、そんな生活を続けました。料理に時間をかけてみたり、食材に興味が湧いて畑を借りたり、洋裁を始めたり、本を読み漁《あさ》ったりと、キャリアの何かにつながるかは関係なく、関心があること、思い付いたことをする、という日々でした。

最初は目的もなく何かをする怖さみたいなものを感じていましたが、あとから考えると感性が弱ってベストコンディションでない状態で、次のキャリアを考えることに行き詰まりがあったと言います。キャリアブレイク初期は、あまり先のことを考えず、飽きるまで休み、そのときの心のままに関心ごとに向き合う人が多いように感じます。

所属がないことの不安感・虚無期

自分を解放する日々が続くと、やりたいことが一通り終わってきたり、貯金の目減りが気になったり、今までは新鮮だった自由な時間に飽きてきて、虚無感が現れ始めることがあります。また、活動範囲が広がることで、友人や家族など周りの人と接するタイミングも増え、心無い一言を浴びたり、社会のレールから外れた罪悪感などを感じたりする人もいます。いきいきと働いている友人のSNSが気になり、自分自身が社会の役に立っていない実感が強まって、苦しい時期を過ごす人もいます。不安から、焦って転職活動を始める人もいます。

虚無感により焦ってしまった時期があると教えてくれた、ふみさんのエピソードです。ちょうど無職になってから3ヵ月が経った頃、ふみさんは車で事故を起こしてしまいました。周りの人の役に立たねば、認めてもらわねば、と焦っていたのが要因の1つだと振り返ると思うそうです。

ふみさんは事故をきっかけに、暮らしを自分のペースに戻してひと休みする勇気が必要だなと思い、余白の時間をつくるようにしました。本当の意味でキャリアブレイクしたのはこのときからだったそうです。

また、焦りが高まり、解放期で十分休息できたし働き始めようと、就職活動をスタートする人もいます。もちろんそれが悪い訳ではなく、小さな休息を挟んでまた働き始める選択肢もありますし、それで良い転職先に恵まれた人もいます。ただ、焦りがモチベーションになって、動き始めた人の中には、苦しんでしまう人もいます。

キャリアブレイクをしたことに満足はしているが、自分の転職活動後や、その後のキャリアにまだまだ悩んでいるというりんさん。キャリアブレイクをすれば全てが解決につながる、ということでもない、と教えてくれました。**自分のことを失敗例とは思っていないが、もがいている人もいる、ということを伝えるために、インタビューに協力してくれました。**

りんさんは、前職で体調を崩し休職しました。休職をしてすぐ転職エージェントに登録し、履歴書・職務経歴書を作り、どんな仕事があるのだろうと探し始めます。「通っていたメンタルクリニックの人に、次の転職先どこがいいですかね、と相談しました」と、どこに進めばいいか分からず不安だったそうです。

のちに出会った認知行動療法ができる外部のカウンセラーさんと話し、何がやりたいのかあぶり出してもらい、人材業界に絞って、転職活動をスタートさせました。

「根底には早く働かなきゃという気持ちがあり、内定をもらったときは、やっと働けるという気持ちと、また働くのか〜という気持ち半々でした。ちょっと背伸びを

した転職でしたが、そもそも転職活動を続けることに疲れていて、入社を決めました」

そんな風に内定をもらったときの気持ちを振り返ります。ただ、入社してからが大変でした。やりたいこととできることが違うことにやっと気付いたときには、心身ともに疲れ果ててしまい、結果、試用期間が終わる3ヵ月目に、ミスマッチということを会社に伝え、働き方の相談をしたそうです。その後、部署異動の相談は、受け入れられず、りんさんはその会社を退職し、今は派遣で働いています。

「社会人になったら自分の仕事に誇りを持ってばりばり働いていることがかっこいいという憧《あこが》れがありました。今、社会人6年目になってそれをまだ感じられていない焦りが、ずっと自分を追いかけています。結婚出産などのライフステージで、一歩先に達成している人を見るとそれに対しても焦りがあります。私は社会に適合できていないと思ってしまうときもあります。もちろん、今に納得がいっている訳ではないけれど、諦めた訳でもないんです」

そう語るりんさんは、今は派遣の仕事をしながら、いくつかの転職サイトなどに登録して次のキャリアを考えています。**一方で、派遣での働き方は基本的に残業もなく、仕事を長期的に継続できるように体調を整えるには合っていて、正社員の頃と比べて給料面ややりがいは減ってしまうけれど、無理せず働けるようになるには必要なステップだと、考えているそうです。**

りんさんのように、解放期を経て一呼吸できたことから、復職や転職活動をする人はいます。短いキャリアブレイクでも小休止となり、それが効果的だった人もいます。一方、このタイミングで、同じキャリアブレイクをしている知人に出会う、メディアなどを通して同じ状況の人がいることを知る、という人もいます。そんな人たちは自分の虚無感と向き合いながら、本来、どうして離職、休職を選んだのかじっくり考え、虚無感を乗り越えさらに模索を続けていきます。

本当の自分の声を聴きはじめる：実は期

虚無感や焦りとも向き合いながら、キャリアブレイクの期間を過ごしていると、理由もなく湧いてくる言葉や感情に出会う人がいます。「実はお菓子づくりが好きだった」「実は地元に戻りたかった」「実はデザインに興味があった」など、解放期とは少し違う心の奥にあった声が聞こえてきます。**みなさん枕詞《まくらことば》のように「実は……」と言うので「実は期」と呼んでいます。**よくよく思い出せば、昔から思っていたことかもしれない、と深くに潜んでいた自分自身を思い出すような気持ちになる人もいます。こういった声は人生の選択肢を広げてくれます。押し殺されていた自分の声を聴くには感性の回復が必要で、「解放期」「虚無期」が大切な役割を果たしてくれます。

「虚無期」も単体で見るとネガティブなシーズンに見えますが、苦しみや葛藤《かっとう》といった気持ちも自分の大切な声です。その中から、本当に大切にしたいことや、逆に手放したい価値観などが見えてきたりもします。

「そういえば好きだった」と、今のキャリアに繋がることを思い出せたと教えてくれたのはまきこさんです。まきこさんも、体調を崩し、休職期間に入った一人です。

休職期間の初めはゆっくりと休んでおり、気持ちは晴れつつありましたが、自分が本当にやりたいことに出会いたい気持ちも膨らんでいた葛藤の時期があったと振り返ります。

「最初はカフェにノートとペンだけを持参し、テーマを決めてそれについて思うことをひたすら書いていました。2週間ほどノートと向き合った中で、気になっていたキャリアスクールへすぐ入会することにしたのです。そこでデザインの世界に出会いました。そういえば昔も好きだった。私のやりたいことはこれだと気付きました」

葛藤の時期にも自分にとことん向き合った結果、納得感を持って「これだ」ということに出会えたそうです。そこからは「好き」を仕事にしたい気持ちがどんどん膨らみ、今はデザイナーとしての道を歩み始めています。

また、「表現したい」という気持ちが芽生える人が多いのもこの時期の特徴かもしれません。何かを作り出したい、表現したい、届けたい、といった欲求です。アクセサリーを作ってみたり、デザインの勉強をしてみたり、料理を作るのにはまったり、文章を書いてみたり。ここで言う表現とは、アートに限らず、心に思うこと、感じることを自分の外に出すこと、という意味です。それがどれだけ小さくても誰かの役に立ったりすると、そこから社会接続が始まります。いきなり職業に結びつかなかったとしても、自分の根っこにある働き方のイメージにつながる情報だったりします。

表現したい欲が高まり、自分自身でプロジェクトを立ち上げる人もいます。日記を書くのが好きになり交換日記のサービスを作ったり、絵を描くのが好きになり似顔絵を描くサービスを始めたりする人もいます。1章の最初に紹介した方のように、休職中にカメラを学び、撮りためた写真で写真展を開催したことが、フォトグラファーとしてのキャリアにつながった人もいます。

最初の「実は」からできる表現の一歩目は小さいことかもしれません。ブログを書くこと、SNSで発信すること、自分の手帳にアイデアを書きためること。周囲からは、そんなこと役に立たない、キャリアには繋がらないと言われることもあると思います。**それでも一歩、前に進むことが大切だと感じます。**また、そういった活動の中で自分に合った価値観に気付く人もいます。

カナダへワーキング・ホリデーに行っていたりおさんも、その経験を通して、本当に自分が考えていることに気付きました。

「カナダでは同性婚が認められていたり、年齢すら聞かれなかったりする中で、日本でよく聞く〝こうした方がいいよ〟といった他人の意見はどうでもよくなりました。日本では、30代女性が独身であることに対して、普通ではない扱いをたくさん受けます。そんな様々な価値観の変容を通して、帰国してからは、人種やマイノリティに囚《とら》われない環境で働きたいと思い、転職活動をスタートさせました」

キャリアブレイクの期間に活動の幅を広げたことで、自身が重要視していたのは、仕事内容ではなく、価値観や会社のカルチャーだったと気付いたのです。

再び社会との距離を探る：現実期

やりたいことを見つけ、始めた活動を続けたいと思うようになると、次の働き方について考え始めます。具体的な会社や職業を見つけ、スキルが足りないと学校に通い始める人や、インターンシップやアルバイトを通じて働き方を探る人もいます。転職活動を始めてみて、やっぱり違う、などとまた方向転換する人もいます。**今までは自分中心のキャリアブレイクを送ってきたのですが、このあたりから「現実」が現れてきます。**

ありたい姿に対して、スキルが足りなかったり、希望している職種の募集がなかったり、採用が狭き門だったり、報酬が見合わなかったりと、自分一人ではどうにもならない問題に出くわします。大きな壁やハードルがあると、夢なんて見なきゃよかった、と進んできた道を後悔しそうになる人もいます。少しの辛抱がいるタイミングです。

この期間に様々な働き方を体験するために、複数のバイトに挑戦する人もいました。

3章でも紹介したえつこさんもその一人です。えつこさんは、ゲストハウスの住み込みスタッフとして働いたり、所属していたコミュニティ内で自分がワクワクすることを企画したり、商品開発をするプロジェクトで0からものづくりをしたり、働いてみたかったBARでバイトをしてみたり、様々なバイトを経験しました。その中で、「組織に属してチームの一員としてサービス作りに携わりたい」と思うようになり、転職活動を始めたと言います。

キャリアブレイク中に行きたい業界を見つけたけれど、実現するためには必要なスキルが足りないことに気付く人もいます。 2章でも紹介したさくらこさんもそうでした。新卒で商社に入ったさくらこさんは、次を決めずにキャリアブレイクに入りました。そこで自分の価値観ややりたいことに向き合った結果、全く新しい分野、ITの世界に興味を持ちました。そんなとき職業訓練という、条件を満たすと離職者が無償で通える制度があることを知り、WEBデザインのコースに参加しました。そこでは、基本的なデザインの知識やWEBサイトを立ち上げるプログラミングを学んだそうですが、やはり自分に合っていると感じ、独学でも勉強を進めました。

ただ、プログラミングを仕事として転職しようとするとスキルが足りないためか、就活は難航したそうです。そこで、もう少し専門的なことを学べるオンラインのプログラミングスクールに追加で通い始めました。その意欲も買われたのか、スキルを認められ無事にＩＴ企業へと転職することができたそうです。

当時は、ＩＴ会社で働いている人から初心者では難しいと言われたり、スキルが足りず追加でスクールへ通うことになり貯金が大きく減ったりと、葛藤や心配事も多かったそうですが、振り返ってみると良い転機になったそうです。

自分のキャリアブレイクを定義する：
接続期

結果論でしかありませんが、多くの人は社会に接続し直しています。自分の選択に納得し、晴れやかな人も多くいます。やりたいことが明確になったので採用がうまくいった、就活サイトでたまたま受けた会社が思いのほかフィットした、在宅勤務可の会社ならどこでも良かった、縁で知り合った人の会社に入社した、など社会接続の経緯は多種多様です。もちろん、入りたかった会社に入れなかった人、第一志望の業界に行けなかった人もいます。

活動の縁の中で社会と接続していった、ひなたさんのエピソードです。前職の退職をきっかけに、次のキャリアを決める前に移住を決めたひなたさんは、暮らしを整えながら次のキャリアを探していました。**ひなたさんが今、働いている職場との縁も、インターン生として関わり始めたことがきっかけだったそうです。**「インターンだからこその適度な責任感の中で、自由に動くことも、ひと休みすることもできた」と振り返ります。インターンと並行して、イベント運営や記事の執筆、アイス屋さんのバイトなどなど、色んな仕事を体験し、その中で自分にとって心地のいい働き方を見つけ、次の仕事を選ぶ基準を丁寧に作っていきました。

ひなたさんは、今の仕事についてこのように語ってくれました。

「今の仕事は自分の仕事としての納得感があります。今は『他人がどう思うか』より「私はどうしたいのか」に重きを置いて働いています。NO残業デーやワークラ

イフバランスのような規格の型にはめる『働き方改革』とは異なり、彫刻のように掘り出していく、私の、私による、私のための働き方〝発掘〟なのかな」

社会に接続する際に、早く受かりたいからと、採用側の企業に合わせてしまう人もいるかもしれません。不安から、迎合しようとしてしまう気持ちも分かります。ですが、自分自身のキャリアブレイクがなんだったのか、どういう意味を持っていたのかを定義し、接続に挑むことで、納得感のある接続期を迎える人が多いように感じます。

ここまで、キャリアブレイクのよくある段階について説明してきました。

改めて社会に接続していったキャリアブレイク経験者たちから聞こえてくる声は、「キャリアブレイクを通して自分らしく働こう」という感じではないように思います。**「自分らしく」という言葉には、キラキラした憧れのようなイメージがあるかもしれませんが、もう少しフラットな、会社に迎合しすぎなくて良い、くらいの温度感が近いように感じます。**

現実的なお金の問題：もらえるお金、出ていくお金

キャリアブレイクの話で、切っても切り離せないのがお金の話です。

無職の期間は収入がなくなるので、基本的には貯金を切り崩していくことになります。定期的に入ってくるお金がなくなり、減っていく一方ということ自体が、精神的な負担となる場合もあります。しかも、今まで会社が払ってくれていた税金なども自分で払うことになるのですが、税金自体がどれくらいかかるのか、詳しく知らない人も多いでしょう。貯金額から割り切ってキャリアブレイクの期間を決める人や、小さくバイトをして収入を得ながらキャリアブレイクする人など、お金との向き合い方は様々です。

また、キャリアブレイクは時間的な投資と考える人もいます。海外旅行に行くとすると数十万円はかかるので、キャリアブレイクも自分の視野を広げるための海外旅行みたいなもの、と捉える人もいます。

そんなお金事情について、離職した人4名、休職して離職した人1名、休職から復職した人2名の計7名に匿名でアンケートに答えていただきました。あくまでキャリアブレイクした人の中からランダムに選出した7名です。平均的な事例としてではなく、個別事例として認識いただけると幸いです。

どのくらい貯金があって　どのくらい使ったか

まずは手元にあったお金から見ていきます。もちろん、貯金額や退職金については勤続年数や会社の処遇によって異なるとは思いますが、今回はあえて考慮せずに金額だけを見ていきます。

7名の方のキャリアブレイク時の貯金額は、少ない方から50万円、100万円、120万円、150万円、350万円、700万円と、なっています。**それに、離職した人は退職金など、雇用保険に入っていた人は基本手当など（失業保険、失業手当金）、心身の不調があった人の中には傷病手当など、職業訓練に通い始めた人は教育訓練給付金など、会社や国などからもらえるお金が加わります。**中にはご両親や家族か

キャリアブレイク中のお金

単位：万円

		期間(ヵ月)	スタート時の自己貯金	会社退職金や休職時の給与補償	失業保険など	その他	合計	家賃	生活費	税金	療養	経験	その他	合計
		あったお金(期間合計)						出ていったお金(期間合計)						
Pさん	休職	0	120	0	0	0	275	0	0	0	0	0	0	261
	離職	21		45	110	0		0	100	10	0	90	61	
	合計	21	120	45	110	0		0	100	10	0	90	61	
	割合	—	44%	16%	40%	0%		0%	38%	4%	0%	34%	23%	
Qさん	休職	0	50	0	0	0	114	0	0	0	0	0	0	81
	離職	3		0	34	30		18	15	0	0	48	0	
	合計	3	50	0	34	30		18	15	0	0	48	0	
	割合	—	44%	0%	30%	26%		22%	19%	0%	0%	59%	0%	
Sさん	休職	0	100	0	0	0	175	0	0	0	0	0	0	114
	離職	6		0	55	20		20	24	10	0	60	0	
	合計	6	100	0	55	20		20	24	10	0	60	0	
	割合	—	57%	0%	31%	11%		18%	21%	9%	0%	42%	0%	
Bさん	休職	0	150	0	0	0	445	0	0	0	0	0	0	380
	離職	16		40	55	200		100	130	60	0	90	0	
	合計	16	150	40	55	200		100	130	60	0	90	0	
	割合	—	34%	9%	12%	45%		26%	34%	16%	0%	24%	0%	
Uさん	休職	6	100	60	0	0	190	0	60	0	6	20	0	128
	離職	3		0	30	0		0	20	5	2	15	0	
	合計	9	100	60	30	0		0	80	5	8	35	0	
	割合	—	53%	32%	16%	0%		0%	63%	4%	6%	27%	0%	
Rさん	休職	8	350	52	0	0	402	56	100	12	10	40	0	218
	離職	0		0	0	0		0	0	0	0	0	0	
	合計	8	350	52	0	0		56	100	12	10	40	0	
	割合	—	87%	13%	0%	0%		26%	46%	6%	5%	18%	0%	
Tさん	休職	6	700	400	0	0	1100	72	60	0	10	15	0	157
	離職	0		0	0	0		0	0	0	0	0	0	
	合計	6	700	400	0	0		72	60	0	10	15	0	
	割合	—	64%	36%	0%	0%		46%	38%	0%	6%	10%	0%	

らの支援として、加わったお金がある人もいました。**国からもらえるお金のタイミングや条件については、それぞれ異なりますのでご自身で調べていただくのが正確だと思います。**

貯金額に加わった額は、少ない方から、52万円、64万円、75万円、90万円、155万円、295万円、400万円、となっています。結果的に、手元にあるはずの合計金額は、少ない方から、114万円、175万円、190万円、275万円、402万円、445万円、1100万円、となっていました。

次に、キャリアブレイク中に出ていったお金です。一番の大きな出費は人によって異なるようです。**一番大きな出費が家賃だった人が1名、生活費だった人が4名、経験などにかかった費用だった人が2名となっています。**家賃が0円になっている人は、このタイミングで実家に戻った人や同居している人に払ってもらうなど、様々なケースがあります。生活費についてもそれぞれの水準や期間の長さの違いがあるためばらつきがあります。

経験についての出費が1位だった人は海外に行ったことや、キャリアやスキルにまつわるスクールへの投資をしたことが大きかったようです。経験についての出費は全体を見ても、旅行やスクールへの通学、パソコンやカメラなどの機器の買い替えが見受けられます。

「経験」への出費の例（単位：万円）

プログラミングスクール授業料（45）、キャリアスクール授業料（25）、キャリアスクール授業料（35）、マネースクール授業料（15）、オンラインスクール（23）、キャリアコンサルティング資格取得（25）、バリ島2週間旅行（35）、熊本・阿蘇旅行（8）、日本横断旅（20）、石垣島一人旅（15）、ＰＣ購入（14）、

最後に、割合はそこまで大きくはないのですが、税金についても、キャリアブレイク期間中で10万円前後、多い人だと60万円ほど支払っている人もいます。また、税金については猶予制度などもあり、各市町村や日本年金機構の情報を有効に活用する人もいます。出費の合計は少ない方から、81万円、１１４万円、１２８万円、１５７万円、２１８万円、２６１万円、３８０万円、となっています。

キャリアブレイクに入る前に、お金のことを完全に見通すのは難しいかもしれません。予期せぬ出費や、挑戦してみたいことなど、たくさんの出会いがあり、先を見通せないのがキャリアブレイクの良いところでもあります。

貯金やお金についての全体像は、少しは計画できた方が良いかもしれませんが、計画しすぎると、がんじがらめになってしまう人もいますので、参考程度にご覧ください。

お金について事前に確認しておいた方が良いこと

＊支払いが必要な税金・保険料（今まで会社を通じて支払っていたもの）

・住民税：前年度の収入に応じて算出された金額を市区町村へ支払う。会社都合の退職の場合、分納や猶予制度を利用できる可能性もあるので市区町村に相談を。

・国民健康保険：退職後、国民健康保険に加入する必要があり、保険料の金額は前年の収入によって決まる。人によっては、退職後も勤めていたときの健康保険に加入し続ける「任意継続」という制度を利用した方が安くなる場合があるので退職前に要確認。
・国民年金：減免制度があり、追納も可能。ただし将来受け取る年金の額が減る可能性があるので、詳しくは日本年金機構の最新の情報を確認。
＊奨学金についても、失業中を理由に、返済の猶予を受けられる場合がある。詳しくは、日本学生支援機構のＨＰを確認。
＊年内に再就職しなかった場合、年度末に確定申告をすることによって所得税の還付を受けられる場合がある。ちなみに還付申告は、過去5年遡《さかのぼ》って申告可能。
＊条件を満たせば、離職者訓練や求職者支援訓練制度を利用し、無料で就職に必要なスキルや知識を習得するためのコースに通うことが可能（テキスト代などは自己負担）。詳しくは、住んでいる地域のハローワーク（公共職業安定所）へ問い合わせる。

お金の使いどころに自分の価値観が表れる

■ ちょっとした贅沢が減る

「お金の不安が、1つの理由です。当たり前ですが、働いていないので収入がありません。パン屋さんでおいしいパンを買うといったような、『ちょっとした贅沢《ぜいたく》』は気軽にできなくなりました。でも、私にとってちょっとした贅沢である〝果物〟は、今も買っています。同じ『ちょっとした贅沢』でも、買うモノ、買わないモノがある。なぜだろう。とても抽象的な表現ですが、私は、モノを買うときに、『値段』と『得られるハッピー』を比較していることに気付きました。お金を払った対象が、どれくらい私をハッピーにしてくれるかを想像する。値段に見合うハッピーが得られるなら買うし、そうでなければ買わない。金銭的な制限ができたからこそ、取捨選択の基準がはっきりして、お金の使い道が厳選されました。ちなみに、パン屋さんのパンを買わなくなったことを、私はネガティブに捉えていません。有職のときよりも明確になった自分の基準に従い、『買わない』を選択しているだけだからです。

私は、私にできるだけハッピーでいてほしい。そのために、自分をより詳しく知りたいのです」

■全財産が156円になった

「私は半年で会社を辞めたので失業手当の給付はなく、退職時点で口座に残っていたお金もわずかだった。仕事を辞めた翌月から早速、保険に年金、その他もろもろの出費で銀行残高は順調に減っていった。全財産が156円になったことも。だけど、切羽詰まった状況に直面したからこそ得られた経験もある。自分は何に一番お金をかけたいと思うのか、自分なりのお金の使い道を改めて考えるようになった。

小銭1枚でも決して無駄にしない、そんな生活は、月に数百円のお小遣いの使い道を真剣に考えていた小学生の頃を思い起こさせた。小学6年生当時の私のお小遣いは600円。毎月の楽しみだった『ちゃお（450円）』を買ってしまえば、友達とあそぶためのお金はほとんど残らなかった（しかも途中で490円に値上げした！）。500円玉は大金で、お札を何枚も手にできるのはお正月ぐらい。それがあの頃の当たり前だった。

もし仕事を辞めずに、毎月自動的に万単位で給料が振り込まれ、多少値の張る買い物もカードで簡単にできてしまう生活が続いていたとしたら。あの頃の感覚を取り戻すことはなかったように思う。無職の1年は、そんなことを思い出させてくれた。とはいえ正直なところ、もう少し金銭的にゆとりを持てるようになるのが目標。お金がないからという理由で、物事の本質を見失ったり大切な友人関係を失ったり、自分の選択を狭めてしまうことはしたくない。適度な金銭的余裕は人間的なゆとりも与えてくれるのだと、この1年は身に染みて感じた。身の丈にあったお金との付き合い方は、きっとこれからも、私にとって大きなテーマであり続ける気がする」

前述のエピソードのように、定期的な収入がなくなってしまうため基本的に節約マインドになる人が多いように感じます。

特に、今まで気軽に買っていたコンビニのお菓子やちょっとした化粧品、便利だからとお金で解決していたことなど、無駄な出費をなくそうとします。時には、人と会うための交通費をケチったり、行きたいけれど我慢したライブがあったりと、無駄ではないはずのものまで、節約心によって、排除されるときもあります。それの善し悪しを評価したい訳ではなく、どこにお金を使うか試行錯誤するということが大切なのではないでしょうか。

収入がなくなったとき、お金をどう使っていくのか、ということに今まで以上に向き合うことになった結果、新たな発見をする人が多くいます。どこを節約して、どこに投資するか、お金をどんな経験に変えていくのか。普段は節約しているのに、何十万もかけて旅行にいったり、スキルスクールに通ったりと、メリハリのあるお金の使い方をする人もいます。

「どこにお金を使うのか」という目線は、「人生で何を大切にするか」という問いに似ているように思います。キャリアブレイク期間中のお金の使い方は、一人ひとり様々ではありますが、個性があり、その人が大切にしていることを反映しているようです。**また、そのお金の使い方を見て、自分が何を大切にしていきたいか、逆に気付く人もいます。**コンビニのパンは節約するけど、美術館に行くお金は節約しない人。普段は節約しているのに、納得したら大きなお金を動かす人。お金に縛られるのか、お金を動かす立場にいくのか、そんな心のやりとりも、キャリアブレイク中の醍醐味《だいごみ》である気がします。

大きな野心の実現に至った人たち

会社の制度を使って自分の野心を実現する人もいます。会社員として広報の業務に従事していましたが、その面白さと大切さを伝えるための書籍を出してみたいと、思い立ったヨシカワさんは、会社の制度を利用して書籍を自費出版しました。ご自身で、取材・執筆・編集を行ったそうです。

また、50代になって、会社の特別休暇制度（ある条件を満たすと30日という長期休暇が3年毎に取得できる制度。有給休暇）を利用したコウジさんは、「長年、国民としての義務は果たしてきたが、権利を行使することはあまりなかったかもしれない」と思い立ち、「被選挙権」を行使するため、地方議会選（市議会等）に出馬しました。大きな野心の実現は自分のエネルギーの確認でもあり、また周囲の目も変えます。コウジさんは挑戦してみたことをこう振り返ります。

「会社員の場合、社内コミュニティ以外の人脈形成がなかなか広まりません。長期休暇を取得する中で、多くの新しい出会いもありました。最終的には『誰と出会うか』で決まってくると思いますし、最後は『結局は自分』です。私の経験したキャリアブレイクによって、考えていることを言葉にして、実行に移す『ゼロイチ』の力を持つことができました」

海外に挑戦する人もいます。仕事を辞めピースボートで世界一周に出たユウコさんは、4ヵ月の長期旅を経験しました。

「乗っている間は通訳の仕事もあったのでとても忙しかった。ただ、船旅の中で、そういえばイベント好きだったなとか、いろんな場所に行くの好きだったなとか、自分を思い出したりする場面が多かった。世界を回るので、いろんな人に出会う機会が多く、自分の経歴や考えを聞かれたりする中で、自分って平和に対して思いを持っていたなと、自分の原点を思い出すことが多かった」と、船旅を振り返ります。**そんなユウコさんも大きな挑戦をしたように見えますが、きっかけは現実逃避だったと言いま**

す。前職をバーンアウト的に離職したあとは実家に戻ったそうです。ですが、休みたいものの実家にいることで両親への申し訳なさもあり、言い訳半分、好奇心半分で、挑戦することに。「キャリアブレイクは今につながっている。人って強いんだけど、弱いんだなってそのときに学んだ」と教えてくれました。

化学メーカーを離職し、海外へ旅立ったタカシさんも「良い会社だけど、仕事の内容は合わなくて、そういう意味で不満はあった。何か自分を満たせる挑戦をしたかった」と、キャリアブレイクが自分の人生にとって、必要な期間だったことを振り返ります。離職後は妻と2人でオーストラリアに行き、生活費を稼ぐために路上画家を始めました。売れるときは自信が付いて、売れないときは不安になって、いろんな経験を経て、半年後に帰国しました。**こう言うとすごい人に見えますが、実は、最後は貯金が0になり、怖さが増してきて帰国することにしたそうです。**ただ、そんな恐怖も含めて、多くの人が経験しないことを経験したという自負が芽生えたそうです。

帰国後は、就活サイトやアプリを用いて就職活動をスタート。芽生えた自信を活《い》かし、内定を得たそうです。「内定が取れると確信してたというより、証明したかった。

結婚していても会社を辞めて、海外に挑戦できるということを証明したかった」と、自分のことを鼓舞しながらの就活だったことを教えてくれました。

世の中には、大きな野心を持って、普通の人がしないような挑戦を行う人もいます。ここで登場した人たちのキャリアブレイクも、前向きでポジティブのように映ったかもしれません。

一方で、その人たちの心の機微を見てみると、他のキャリアブレイク経験者と同じように、私の人生はこのままでいいのか、今の状況から少し離れたい、といった気持ちが見え隠れします。もしかしたら、そういった葛藤や違和感こそが人間のエネルギーの根幹であり、そのエネルギーを活用することもできるのではないでしょうか。

5 章

企業は、キャリアブレイクした人をどう見ているのか

企業から見たキャリアブレイク

ここまではキャリアブレイクを経験した人たちの目線で、キャリアブレイクを見てきました。苦労された方ももちろんいましたが、多くの人が転職や復職をして、社会に接続し直します。中には、以前より能力が発揮できていると感じる人や、幸せだと感じている人もいます。

一方で、キャリアの空白がその人のキャリアを不利にするという風潮もあります。本当のところはどうなのでしょうか。まずは企業側がキャリアブレイクをどのように見ているのかについて、聞き取り調査を行いました。

この章では採用を担当している人事の方、人事の方に候補者を紹介する転職エージェントの方、社員の育成を担当する人事の方、働く環境を調査している研究者やメディアの方などに話を聞き、様々な角度からキャリアブレイクについて考察したいと思います。

人事は本当に「履歴書の空白」がある人を避けるのか

採用を担当している人事の方々に「履歴書の空白」について率直な話を聞いてみました。あるIT企業（社員数千人規模、以下IT）と、あるメーカー企業（社員数60人規模、以下MK）に勤める2名の方に匿名でご協力いただきました。

Q：求人応募者の履歴書に空白期間があったとき、どのように感じますか？

A（IT）：まず、「なぜなのか？」という理由を深掘りします。理由があるなら気にならない。結構、どんな理由でも気にならないかもしれません。世界を見たかったから自転車で世界旅行しましたみたいな人もいたが、それ自体は気にならない。履歴書だけでは理由が分からないケースもありますが、その場合は他で判断します。ただ、面接で聞くこととして気に留めます。落とす場合は、それ以外の部分でマッチしていない場合ですね。「空白があるから」という理由だけでは落とさないです。

A（MK）：1年以上の空白であれば上層部に履歴書を見てもらうときに、懸念事項として上がるだろうから、理由をご本人（または本人所属のエージェント）から事前に聞いておかなきゃな、となりました。履歴書に空白の理由が明記されてないことが多く、「もう少しここを丁寧に書いていたら可能性が上がるのに、もったいないな」と思うことがありました。

Q：空白が原因で落とすときはどのようなときですか？

A（IT）：「減点方式」の人が履歴書で見る箇所は学歴や職歴と志望理由で、職歴に空白がある人とない人を比較した場合に減点される傾向が強いという話だと思います。人事等の管理部門はミスマッチでの離職を一番危惧《きぐ》しているため、離職数や理由は特に注意深く見ていて引っかかりやすいポイントになると思います。ただ、近年は人事主導ではなく現場主導の採用が多いため、人事部の懸念がある＝採用されないということは少ないように思います。

私の主観ですが、特に気になることがあるとすれば、何かを隠そうとしている履歴書を見ると採用していない傾向が強いかなと思います。企業の採用活動は、企業が一方的に採用・不採用を決める活動ではなく、企業と活躍しそうな人材をマッチングするイメージに近いと思っています。不採用はその人に実力がなかったからではなく、マッチしなかったからであり、必要なのは互いの誠実さです。いいところも悪いところも隠さずマッチしているかを確認している訳なので、「隠す」という行動は私にとっては論外だと思っています。採用担当には、同じように感じている人は多いように思います。

A（MK）：「年齢に対して転職回数が多い」「1社あたりの就業期間が短い」「現在、離職中である」という3つで、上層部が履歴書を不合格と判定していた傾向が強かったです。現在離職中の方については、3ヵ月程度の期間であれば特に気にされていなかったです。しかし1年から数年間の離職中となると一気に懸念事項となりました。そのような方の履歴書を上層部に見せた際は、「どうしてこのような候補者をあげてきたのか」「1~2年のスパンがあくともはや即戦力ではない」とつっこまれ、見送りとなりました。

2人の採用担当者の方の印象は「キャリアの空白は気になる」という様子で、これは新しく社員として採用する身としては、素直な感想ではないでしょうか。**ただ、「採用予定の部署のカルチャー」「減点方式」「管理部門の方」「隠そうとしている」などの理由から、空白期間をマイナスに捉《とら》える傾向もありました。**個人的な感想としては、「空白」に限らず採用するからには人をよく見るのは、普通のことであり、「隠そうとしている」といった不誠実な様子が良くないことは理解できました。また、キャリアブレイク(空白期間)自体は悪いことではないので、それが好転するように自分で定義することが大切なように感じました。

採用側も、その人を知りたいだけで、どう説明するかは本人次第。それで落ちてしまうのであれば、担当者の方が言うように「マッチしなかった」に過ぎないのではないかと感じます。

正直に伝えた方がミスマッチにならない

カルチャーや採用方式については、こちらが工夫することができないものの、私が気になったのは採用担当の人事部の方がおっしゃる「隠そうとしている」「もったいない」というキーワードでした。**キャリアブレイクの当事者からも、空白期間をどれくらい素直に言うべきか、また、何を言って何を言わない方が良いのか、悩まれるという話を聞くことがあります。**確かに、キャリアブレイクの入口が心身の不調だった人や、休息を取っていた人にとっては、それを言うべきかどうかを悩まれている現状を見聞きしています。ふと、「どれくらい素直に話すべきですか？」と聞いてみたところ、こんな返事がきました。

A（IT）：全体を通して感じたのは、キャリア＝自分の特性や志向を表す鏡になっていることがとても幸せなことであるということですかね。新しいことが好きな人が、何も変えたくない古い会社に行ったら不幸です。何も変えたくない、毎日の繰り返しに幸せを感じている人が常に変化しようとする雰囲気のドタバタベンチャー企業に行ったら不幸です。今の世の中の若い人は会社の名前や規模など本質的でない要素を参考にしすぎて、ミスマッチなキャリアを歩んでいる人が多いと感じます。

キャリアブレイクについて、どこまで正直に答えたら良いのか、ということについては明確な答えはないかもしれません。ただ、「キャリア＝自分の特性や思考を表す鏡」という言葉から、逆に言えば、相手に合わせて入社したとしても、そこで幸せになれないということかもしれないのです。それならば初めから自分を正直に出した方が、本当に相性の良い会社を見つけて幸せに働くことができるのではないでしょうか。そもそも、合う会社とはなんなのだろうと、ゆっくり考える時間をとるためにキャリアブレイクを選んだのかもしれません。

また、自分に合った会社を選ぼうとして、選択肢が減ってしまったとき、悲観的になってしまう人もいます。自分の能力や特性が社会に適合していない、足りていないから減ってしまったと思ってしまうかもしれません。事実、キャリアブレイクをした人たちの就活を見ていて、苦労される方もいます。ただ、キャリアブレイクを取ったということは、そういった他人軸で物事を選択することを手放したということでもあると思います。**選択肢が減ったとしても、1社でも自分が合うと思う会社が見つかればいい訳です。**キャリアブレイク中に考えた自分の価値観や「次こうしたい」ということに対して、自分なりのマッチする基準を持っている人は、転職活動でも悲観的にならずにすむように感じます。

最後に、このキャリアブレイクという文化についてどう思うかも聞いてみました。

A（MK）：キャリアブレイクという言葉自体は伺うまで知りませんでしたが、この考え方は本当に素晴らしく、広がってほしいと心から思います。人材業界では「とにかく止まってはダメ」「キャリアアップのために最短で進むことが何より大事であり、回り道は無駄だ」ということがすごく強調されてきたので、目的思考ではない私はその考え方にずっと違和感を持っていました。一見無駄に思える偶発的な出会いや経験、仕事とは関連のない時間が、人生をとても豊かにしてくれるという考え方が広がれば、今よりも楽に生きることができる方が増えるのではないかなと思います。

採用を牽引《けんいん》する大手人材業界や各業界のリーディングカンパニーらが率先してその考え方を取り入れてほしいと強く思っています。

改めて、お2人の聞き取り調査から、採用担当者として会社を良くしていくために、キャリアの空白については現実的に向き合っているように感じました。ただ、個人のレベルではその向き合い方への違和感もお持ちで、一個人としてはキャリアブレイクに共感していただけました。

転職エージェントの「都合」とは

クライアント企業の採用担当の方に繋《つな》ぐ役割である「転職エージェント」の方は、採用担当の方とは少し違う目線でした。こちらも2社の転職エージェントの経験者（G：外資系大手転職エージェント、J：日系大手転職エージェント）にご協力をいただきました。

Q：求人応募者の履歴書に空白期間があったとき、どのように感じますか？

A（G）：空白期間を職種、業界、専門性などの要素とトータルしてみたときに、企業から懸念されそうな場合は「推薦が難しい」と感じることはあります。エージェントは成功報酬のため、担当者も（採用が）決定するまでは売上になりません。どうしても空白期間などの懸念事項がない、採用可能性が高い候補者を優先する傾向はあります。

A（J）：「（キャリアに空白があると転職に不利になるという前提のため）計画性のない人なのでは？」「ワーホリ？　留学？　本来は仕事が好きではないタイプの人なのでは？　放浪癖のある人なのでは？」等の印象を勝手に持たれてしまうことや、「空白のない、きれいな履歴書の方が社内で稟議《りんぎ》を通しやすい」といった理由で、書類選考フェーズで見送りとなる傾向があります。特に中堅〜大手の人気企業で、採用強者である会社にとっては、1日に何十人〜何百人という大量の履歴書を見なければいけないので、ネガティブな要素があったり、懸念があったりする履歴書は最初にはじいてしまい、その上で残りの履歴書を比較検討するというやり方をされている会社が多かった印象です。ベンチャーやスタートアップはそれでも妥協しないと採用できないことを理解されているところも多く（すごく違和感がありましたが、当時のエージェント・会社ともに「妥協」という言葉をつかっていました……）、応募数も少ないので、一人ひとりの候補者に向き合う時間をとろうとしてくれた人事の方も多くいました。

先の人事担当者の方よりシビアな回答が返ってきたように感じます。「成功報酬」「稟議を通しやすい」「採用強者という立場」などの理由から、効率性を求め、ふるいにかけられる傾向がありました。ベンチャーや小さい規模の会社ですら「妥協」という感覚での採用だったようです。

ただ、そんな数字に囲まれた人たちでさえ、「すごく違和感がありましたが……」と前置きされています。一見、採用側や人事も数字に追いかけられているように感じますが、違和感の中で働いている人もいます。**キャリアブレイクを取るような、人生に**

転機やメリハリを求める人たちからすると、効率性だけを求めるような会社ではなく、こういった違和感を持った人事の方や転職エージェントの方に巡り合うことが大切なのかもしれません。事実、私はそういった人たちに採用されていくキャリアブレイク経験者を何人も見てきました。

次に、そもそも採用したことがあるのかも聞いてみました。

Q：空白期間がある人が採用になったことはありますか？

A（G）：決定実績はあります。ただ、クライアントの担当者や企業文化により紹介先は選びます。外資やベンチャーなどの実績重視の社風であればそこまで気にされませんが、日本のトラディショナルな企業だとかなり難しい印象です。また、空白理由も「ポジティブ」であることが前提です。あとはヘルスケア分野だと「看護師」など圧倒的に市場ニーズが高い職種については、空白期間も理由も問われず採用されています。

決定実績はあるようですが、ジャンルや社風については偏りがあるようです。**ただ、ここでも「選択肢が狭まった」と考えるのではなく「合う会社が絞られた」と前向きに考えていくべきなのかもしれません。**

最後に、同じように、このキャリアブレイクという文化についてどう思うかも聞いてみました。

Q：キャリアブレイクという文化について、どう思いますか？

A（G）：とてもいい言葉だと思いました。「ブランク」「離職中」「無職」等、仕事をしていない期間をこのようなネガティブな言葉でしか捉えられないことに違和感を覚えます。何もしていなくても休息や旅から学ぶこともあるのに、キャリアブレイクをしたことがない人が圧倒的に多い社会では「仕事をしていない＝何もしていない」と受け取られます。当たり前にみんながブレイクするようになれば変わると思

います。

今までの数値目標的な話とは、大きく異なる所感をいただきました。そして、今までの回答をよく見ていくと、人事の方はあくまで仲間探しである一方で、転職エージェントの方は採用決定数を目標にしていることから、よりキャリアの空白に対してシビアだった印象でした。**ただ、シビアになっていた理由は、転職エージェントの方一人ひとりの意向ではなく、会社の利益構造や、社会構造からくるものだったように感じます。**その証拠に、転職エージェントの方からも、個人としては、現状への違和感やキャリアブレイクへの共感をいただいています。改めて、キャリアブレイクやキャリアの余白について、風当たりが強いのは、個人の感性や考えもあるかもしれませんが、社会構造によって生み出されているということが見えてきました。

とは言いつつ、現状の私たちは、その社会構造の中で生きています。転職エージェントに相談すると、「キャリアの空白は人生を不利にする」「空白をつくるとしても1ヵ月以内で」「次を決めてから辞めた方がいい」など、あなたのためを思って、というスタンスで話を聞いてくれたり提案をくれたりすると思います。**ただ、これも社会構造からくるアドバイスで、向こうはビジネスであり自分の数値目標があるということを認識した上で聞いた方が、冷静に判断できるのではないでしょうか。**転職エージェントの意見ももちろん参考にはなりますが、自分の意見とのバランスを取っていくことが重要だと感じます。

キャリアブレイク後の転職の面接で何を聞かれたか

ここでは、キャリアブレイクを経て、就職活動を行い転職していった人たちの就職活動エピソードを紹介します。縁や人づてで就職したのではなく、転職サイトや求人サイトを駆使して、採用面接を受けた人たちです。もちろん苦労もあったのですが、乗り越えた結果の、いろんな思いを教えてくれました。

■同じ業界で営業職からマーケティング職へ

「カジュアル面談や面接を通じて、キャリアブレイク中のことは聞かれたものの、

8割以上は前職での経験に時間が割かれました。転職活動する前から、キャリアの空白は良くないと勝手に想像して怖気《おじけ》づいていた自分、もったいないし偏見だったように思います。キャリアブレイク中に『何をしていたか』よりも、離職期間を設けることを選んだ『気持ちや考えの変化』の方が大事だったし、前職経験のことがきちんと言語化できていれば問題なかったです。あとは、企業や部署との相性でしかないかなと最終的に思います。結果的に、前職と同業界の異職種で、正社員として働くことを選びました」

キャリアの空白について、気にする人事の方や転職エージェントの方もいるようですが、このエピソードから分かるのは、結局重視されたのは、今はどういう気持ちで何ができるのか、という点だったということです。結果的に、人材業界の営業だったこの方は、同じ人材業界のマーケティング職への転職となりました。キャリアブレイクして落ち着いて考えた結果として、人材業界を辞めた理由、人材業界に戻る決意をした理由、人材業界で活躍できること、などが明確になったようです。

■ワーキング・ホリデーを経て転職

「『正直、社会に戻ることが怖い』キャリアブレイク中そう思っていました。けれど何か物足りなくて、自分は何も成し遂げていないんじゃないかと焦って、転職活動をしていました。その中で、『どうして辞めたんですか』『この辞めてからの期間は何をしていたんですか』など、全ての質問が怖くてたまらなかったです。その中で何をしたのか、何を得たのか、ゆっくりと話していくと、頷いて話を聞いて『そうだったんですね、いいですね』と言ってくださる人事の方も入れば、『もし、次に同じように何か別のことをしたくなって他に行かないか心配になっちゃいます』と皮肉を言われたこともありました」

この方はキャリアブレイクの期間、カナダへワーキング・ホリデーにいっていました。転職活動を始めた当初は、その期間を過小評価してしまっていて、面接の質問が怖かったそうです。ただ、理解のある人事の方や自分との対話の中で、説明できるようになっていきました。

休職を隠したくなる気持ちに

「お金もない。親に借金もしていた。早く仕事見つけなきゃと言いながら実家で過ごしていた」と、大学院留学からの帰国後の就職活動について苦戦や苦慮を話してくれたのは、ヨシノさんです。

■休職が原因で落とされたのか分からないけれど

「外資のコンサルも受けていた。休職の経験はあったが、当時ポジションはそのままだったので、特に書いていなかった。でも『のちに明るみに出るかも』と思い、最終選考を経て申告した。結果、落ちた。休職自体が原因なのか、隠していたと思われたのか、真相は分からないけれど、そのときはだいぶ落ち込んだ。今の会社は、自分自身の関心やキャリアに興味を持ってもらい、無事に採用になった。今でも自分のキャリアについて不安になったり、焦ったりすることはある。一方で、人からのジャッジだけで動いても良いことはなかったので、キャリアブレイク期間を経て、人からのジャッジで不安になることが減ったように感じる。時間のかけ方は自分で決めていいと思えるようになった」

履歴書に休職を書くかどうか迷ったり、そもそも書きたくない気持ちになったりしたことも明かしてくれたヨシノさんは、様々な原因で選考も落ち続けてしまっていました。**その頃に転職エージェントを諦《あきら》めて、他の採用媒体を使い始めたとき、今勤めている会社からコンタクトがあったそうです。**

休職期間をどう説明するか悩んでいたヨシノさんも、結果的に自身のキャリア自体に興味を持ってくれる会社に出会いました。今は以前から興味があったブランディングの業務を担当し、勤務しています。

ここで3人の就職活動エピソードを紹介しました。みなさん新卒で会社に入社し、その会社でずっと働き続けるか、間を空けずに転職してキャリアを積むか、そんな王道のキャリア像を最初はイメージされていたと聞きます。

一時的に無職になるキャリアブレイクは、そんな王道から離れるからこそ、全て自分で決めるという経験ができます。**ヨシノさんの「時間のかけ方は自分で決めていいと思えるようになった」という言葉のように、小中高大学、就職と、見えないレールの上を走ってきたからこそ、そのレールから外れて初めて、自分のペースを見つけられたのではないでしょうか。**

なぜキャリアブレイクした人を採用したか、採用した会社に聞いてみた

まみさんは、新卒から1年半働いた会社を辞め1年4ヵ月のキャリアブレイクをしました。退職のきっかけを「将来が見えてしまったが、それが見えたままずっと進み続けることがなんとなく不安だった」と振り返ります。

「転職活動を働きながらするのがメジャーかなと思うんですけど、両立させる器用さがなかったりとか、今までは○○大学のまみです、とか、○○会社のまみですとして、肩書きがある状態がずっと続いてたと思うんですけど、これ、なんもなくなったときに、自分どう思うかな、という好奇心があって」と、不安と好奇心が入り混じった気持ちで、キャリアブレイクをスタートさせたことを教えてくれました。

キャリアブレイク期間中は、まちづくりの会社でアルバイトをしたり、音楽大学の経験を生かしてピアノの先生をやったり、島に体験移住してみたりと、様々な活動を通して、自分を生かすことを思い出し、途中から就職先を探し始め、今の会社に出あい正社員で入社しました。入社した会社は福祉を中心としてカフェやレストラン、ギャラリーなどを運営しているそうです。

そこの代表の方や事業責任者の方にインタビューにご協力をいただき、ブランクがあったまみさんを採用した経緯を聞いてみました。

一言目は、「場の空気を変えられる人だなって思った」と、ブランクとは関係なく、まみさん自体の人物像が採用のきっかけだったことを教えてくれました。また、「キャリアブレイク中の経験が、この福祉の中では生かされることがあるだろうなっていう感覚はあった。福祉の勉強をたくさんしている人材も必要だし。もちろん、そうじゃない人も、僕たちにとっては大事」と、キャリアブレイクしたことや、未経験であることも、前向きに捉えているようでした。そして興味深いことに、キャリアブレイク中に経験した事実やスキルだけではなく、立ち止まって悩んだことについてのコメントもありました。

「生きることに、ちゃんと悩んだ。生きることをちゃんと迷うっていうことを、早い年で経験した。周りはきっと一般的なはずなのに。それは、すごい勇気がいる選択だったと思う。そういういろんなことを経験してる人、面白そうだなって思った」

まみさんは、キャリアブレイクを通して、自分らしく働ける会社に出会えて本当によかったと振り返ります。インタビューにご協力いただいた会社は、とても理解がある企業で、こんなベストマッチングな就職活動ばかりではないかもしれません。**ただ、ブランクという先入観ではなく人物像で見てくれて、その期間の活動や関心について興味を寄せて、人生に迷い悩むことの重要性について共感してくれる会社があるということに、とても心強い気持ちになりました。**一人ひとりの働き方や生き方への価値観を尊重してくれることが、企業の強さにつながっていく、と信じていらっしゃるようにも感じました。

大企業がキャリアブレイクを研修で扱う理由――Daigasグループ田仲さん

キャリアブレイクという文化は、社員を辞めさせたくない企業にとっては、目の上のたんこぶであり、社員に知られたくないような文化なのではと思っていました。そんな折りに、なんと、大阪ガスで知られるDaigasグループで働く方々を対象にした研修の依頼をいただきました。大企業からのお声がけに、最初は何かの間違いかと思いました。

内容は「サードプレイス」にまつわる全社研修の一環でした。サードプレイスとは、その名の通り3つ目の場所のことです。第1の居場所は家、第2の居場所は職場や学校など自宅以外で過ごす場所、そしてサードプレイスとは、その他に自分が居心地よく過ごせる場所のことを指します。スターバックスコーヒーが、自身のカフェを生活者のサードプレイスにしたいと提案し、この言葉は少し有名になりました。Daigasグループでは、社員がサードプレイスを持つことを推奨し、会社としてのサポートを行っていました。

依頼をくださった田中香子さんにお話を聞いてみると、「一般論として、**近年、大企業であっても『次へのステップがある』という意識で入社する若者が多いと言われている。**若い世代は、仕事と〝やりたいこと〟のバランスをより重視する。本業の中で主体的になるか、サードプレイスで主体的な自分を保ち続けイノベーションを起こすか、選択肢があることが良いのではと考えている」とのこと。

研修では、キャリアブレイクを説明したり、推奨したりする訳ではなく、キャリアブレイクをした人たちがどのように主体性を取り戻していくのか、抽象化した「離れる」ことについてや、自分の関心をプロジェクトにする「マイプロ（マイプロジェクト）」の概念についてお話ししました。まさに、サードプレイスの価値についてです。

「今春、北野さんのことばがきっかけになって、自身のミッションを追求するU－35の方々を対象にした『Talkin'About YOUTH』という学びと語らいの場を始めました。これまで4回開催しましたが、毎回30人以上が集まります。当社の若い数名の従業員が持ち回りでテーマ設定やゲストを決め、運営してもらっています。今夏は、他社からの参加者と有志で、夏の長居《ながい》公園でジューススタンドを出す小さなプ

ロジェクトも実践し始めました。私は彼らが主体的に動く様子を見守り、相談を受ける立場に徹しています。

一方で、『Talkin'About YOUTH』に参加してくる若者たちも、実のところ、誰もがはっきりとミッションを持っている訳ではないようです。先月からは、そこに集まった若者たちが自ら企画し、仕事や日常のモヤモヤを語る『Talkin'About YOUTH ライト』が始まりました。月1回気軽に集まれる場を自分たちで工夫しながら始めたりもしています。マイプロがサードプレイスになり得ること、そこで培ったスキルや人脈、視点は仕事に活《い》かせるだけでなく、仕事をも充実させ、ウェルビーイング（Well-being）への手がかりにもなれば、とも思います」

研修の後、多様なサードプレイスが起こす効果について、研修を企画された田仲さんに教えていただきました。田仲さんの言葉から感じたのは、キャリアブレイクの価値は辞めなくても作れるということ。**辞めることが要因なのではなく、一時的に離れることが要因になるのだと改めて気付きました。**

Daigasグループのように、社員が一時的に会社のミッションから離れ、自由

に話せる機会を持つことは、良い意味で文化中毒を予防し、イノベーションの起点になってくるのではないでしょうか。田仲さんはこう続けました。

「これは私見ですが、人はもっと主体的になってもよいのではないか、と思います。イエスマンばかりでは事業がうまくいかないもの。Talkin'About YOUTH の若者たちが、組織や制約を離れて主体的になって行動し、〝あそび〟が許される小さなプロジェクトで失敗から学び、経験を積むことで成長する様子を見守り、気付いたことがあります。『成功は自信をもたらし、失敗は成長をもたらす』、そういうものなのではないかと思います」

「離れる」効能を理解し始めた企業たち ――日経新聞井上記者

「キャリアブレイクという言葉は使っていないが、労働にしばりつけるのではなく、会社から離れる効能を感じ始めている会社がある」と教えてくれたのは、日本経済新聞社で働き方改革エディターを担う井上孝之記者です。井上さん曰《いわ》く、「離職」「休職」

「休暇」の視点から、離れる効能を捉え始めている企業があることについて教えていただきました。

まず「離職」について、今までは単線型のキャリアパスであったことから、離職する人に裏切り者というレッテルを貼る会社も少なくなかったものの、その意識が変わり始めているとのこと。**その証《あか》しに「アルムナイ」という離職者ネットワークを整える企業がヤフーのようなＩＴ（情報技術）企業だけでなく、伝統的な日本の大企業である日立製作所や中外製薬、日揮ホールディングスのような企業にも広がっているそうです。**アルムナイとは、直訳すると「卒業生」「同窓生」のこと。欧米の企業では、このアルムナイを貴重な人材リソースと捉え、退職後もコンタクトを取り続けて組織化し、そこから再雇用する「アルムナイ制度」が一般的です。日本企業は単線型のキャリアパス、終身雇用などの慣行から、オフボーディングと呼ばれる、辞めるまでの手続きを非常に雑にする傾向があり、せっかくの人的ネットワークを放棄してきていました。ただ、ここにきて一度、外に出て知見を広げた人材に価値を見出《みいだ》し、アルムナイ制度を構築する動きが出てきています。そのネットワークから新しい仕事が生まれたり、復職したりする人たちも増えているようです。

次に、「休職」です。休職と休暇の違いは各社の制度や定義によって異なりますが、ここでは1週間未満の期間で労働が免除されることを休暇、1週間以上にわたって労働が免除されることを休職とします。ボストン・コンサルティング・グループ（BCG）という世界的なコンサル大手では、1年の中で2ヵ月の休職を取れるそうです。休職期間には、ボランティアに参加する人や、WEBの勉強をしたり、家族との時間をゆっくり過ごしたりする人など、時間の使い方は様々で制約を受けません。コンサル会社というと激務で成果主義、休職期間があると評価に大きく影響しそうな印象を受けますが、BCGではその休職期間がその社員の能力や価値を高め、業務の質の向上にもつながるとされているのです。

3つ目に、「休暇」です。休暇については、ボランティア休暇やチャレンジ休暇、サバティカル休暇、山ごもり休暇など様々な休暇制度を設ける企業が出てきています。3年ごとに1ヵ月の有給休暇が取れる「サバティカル休暇」を取り入れている、ある東証プライム上場企業では、社員の方がいろんな使い方をしていたそうです。ただ、制度を作った社長本人は、社員の方が勉強やリスキリングなど真面目な使い方のほか、育児休業の代わりとして使っていることに、違和感を持っていました。**「新しい体験を**

してもらうことによって、いろんな気付きを得て、個人の人的な資本を高めてもらいたい」とその社長は言います。休暇を与えるという「投資」によって社員がリフレッシュするだけでなく、会社が目指すビジョンの達成に向けて結果的により貢献してくれるというリターンの効用を理解しているからでしょう。

「離職」「休職」「休暇」といったそれぞれ違う角度ではありますが、「離れる」という効能を取り込もうとしている企業があることは確かです。ある種、離れることにポジティブに向き合っている企業ほど、会社としての求心力が高く、離職が少なかったり、離職しても縁でつながっていたりするそうです。これまでは終身雇用など「囲い込み型」で、同質的な社員を集めて同じ方向に動かすという経営が多かったですが、変化の激しい時代にもはや通用しなくなっています。

社員一人ひとりの能力を最大限に発揮してもらう、会社と個人が選び、選ばれるというお互いに依存し合わない関係を築けるかどうかが、競争力を分ける時代になってきたと井上さんは指摘しています。

「ワーク」キャリアから「ライフ」キャリアへ
――法政大学石山教授

キャリアブレイクの論文を出されている法政大学大学院政策創造研究科の石山恒貴《のぶたか》教授にもお話を伺いました。石山先生は、個人が会社の外で学びを得る「越境学習」、個人が主体的に仕事をつくっていくプロセスである「ジョブクラフティング」、企業がどう社員を活《い》かすかの「タレントマネジメント」などを主軸に研究活動をされています。

「そもそも戦前の日本は、転職が多かった」と語る石山先生は、長期雇用が中心の日本的雇用システムは、和を尊ぶという日本の文化や国民性が原因ではないと言います。「大正時代は、渡り職工などと呼ばれる労働者が存在して、会社を渡り歩いて技術を磨いていくことが前向きに捉えられていました。その時代の流動性は大変高く、長期雇用は一般的ではありませんでした」と、長期雇用や年功序列などのいわゆる日本的雇用システムの成立は、戦後以降で比較的新しいものだということを教えてくれました。

「経営者によっては、社員が離職することを否定的に捉えず、それを個人と組織の新しい関係性だと捉えている企業もある」と石山先生は続けます。一度辞めた社員が再入社する「出戻り社員」を制度化している企業も多く見受けられるようになりました。いったん会社を離れた人たちを「アルムナイ」と呼び、良好な関係性を維持している企業も増えています。また、海外留学の仕組みとして、業務に直結するような学びでなかったとしても、個人の学びを尊重し留学できるようになっている企業もあります。その際個人で留学先の国や大学、専攻を自由に選べるのが特徴的です。このように、業務に直結する学びではないかもしれないが、人間的成長を大切にし、簡単に数値化できるものではなくても評価している企業もあるのです。

「数値にできないから価値がないとする企業と、数値にはできないが価値を見出《みいだ》せる企業とに分かれてしまっている」という石山先生。効率性に重きを置いているのか、数値には見えないことを評価する企業であるのかによって、キャリアブレイクのような取り組みの受け入れられ方が変わりそうです。

キャリアという言葉の受け取り方について、ずれがあるという指摘もしてくれました。

「その根底に日本では、キャリアとは職業である、というワークキャリアを中心とした捉え方が根強いことがあると思います。本来は、キャリアとは家庭生活、地域生活、市民生活など多くのライフイベントを含むライフ（人生）キャリアとして考えることが望ましいでしょう。たとえば大学のキャリア教育もライフキャリアを中心とするものへと変わってきています。しかしいまだに、ワークキャリアや就活支援だけを見据えたキャリア教育が存在することも否定できません。まだまだライフキャリアの浸透が日本では十分でないように思います」

「**今までは離職や休職をキャリアのブランク、空白と呼ぶ人もいましたが、ライフキャリアと考えれば、人生に空白なんてない。**今を生きている瞬間は全て大切で、手放したり、準備したりする期間も全てキャリアだ」という石山先生の言葉には、キャリアブレイクが肯定されたような気持ちになりました。

キャリアブレイクのように、自分がやりたいことを考える期間は、個人にとっても企業にとっても大切だと、石山先生は語ります。「やりたいこと探し」の結果が、たとえば弁護士になりたい、海外で活躍したいといった、外見的なものへの比重が大きくなると、そういったことを見つけられない人たちが苦しんだり、自信を失うことがあります。最後に、石山先生からキャリアに悩む人へのアドバイスもいただきました。

「自分の内なる価値観に従って、自分のキャリアを考えること。自分がどんなことに動機付けられるのかが大切であり、それは人生の経験で変わっていく。就職する22歳のときに思い付かないことはおかしい訳ではなく、そのあとの経験でどんどん変わっていく。人生の中では、たえず、自分の価値観を見出す時期もあるし、それが見えない時期もある。どんどん変わるので、考え続けることが大切」

こういった個人のやりたいことや内なる価値観について、わがままだと抑えつける企業もありますが、このエネルギーを活かそうとする企業もあり、そんな企業はこれから増えていくのかもしれません。

再チャレンジが肯定される社会へ
――神戸市役所職員織田さん

キャリアブレイクが与える大学生や高校生への影響について教えてくれたのは、神戸市役所 新産業創造課の職員である織田尭《おだたかし》さんです。

織田さんは、キャリアブレイクをした人がいきいきと生活している様子を特に若い学生などが見ることで、多くの選択肢と安心感を与えられるという側面に注目していました。

確かに、受験に勝ち、いい企業に入ることが全てだと思うと、そのレースで負けてしまったとき、大きな絶望感を感じてしまいます。**ですが、受験や大企業に入ることだけが選択肢ではないことや、入った企業に合わなかったとしても、また再チャレンジできると思えるだけで、清々《すがすが》しく前に進めるでしょう。**

キャリアブレイクを経て転機を乗り越えた人は、さらに下の世代の勇気になると言う意見は、当事者に向き合うことの多かった私にとっても新しい気付きでした。今までは、キャリアブレイクした人がどう働くか、企業にどう影響を与えるかを見てきましたが、行政や街の目線で見るとまた違う面での良い影響があるようです。

さらに織田さんは、人とは違う経歴を持つ人が街に与える影響について、ポジティブに語ってくれました。

キャリアブレイクをしている人がいることで、組織と組織の間に落ちている仕事や、組織間の越境でプロジェクトが生まれるなど、ある特定の組織に属していないからこそ街の課題や価値に気付ける可能性があります。それによって、普段接点がなかった組織や個人同士をキャリアブレイク経験者がつなぐ、などの副産物もあるのでは、と考えているそうです。

一時的な無職状態だからこそ気付けることや、組織を超えたつながりがあることが、のちのち企業や街にとって、インパクトを与えるかもしれないと教えてくれました。

また、行政という立場上、そういった人生の転機に関わる人々の不安や心配を少しでも取り除けたら、という想いがあるそうです。

「無職になると、失業保険など含め、行政の仕組みでサポートできる部分もあります。当たり前だった会社という組織から離れると、組織のような守るものがなくなります。その際、金銭的不安、自分の選択肢への不安などがありますが、それらの不安を少なくできた方が、次のキャリアを歩む上でもポジティブな走り出しができると思っています。そういったサポートがなにかしらあると分かる方が、その人が職を替えやすくなり、自分が最もいきいきとできる仕事につくことができ、結果的に街の活性化につながると思います。そういったことをもし行政が担えたら、と思う気持ちはあります」

一方で、課題感もあると言います。

「無職というネガティブにも捉えられる言葉だと、その状況にいる本人がそれを認めたくなかったり、そうであると認めることで自己肯定感が下がるというネガティブな影響があると思います。そういう意味で、行政の窓口がネガティブに捉えられ、足が遠のいている人もいるかもしれません」

そんな中、欧州の文化であるキャリアブレイクが、人生の教養を深めるためのギャップイヤーなどの肯定的な文化として浸透していけば、救われる人や、不必要に自己肯定感を下げないですむ人がいるかもしれません。それを街にとっての価値として感じられているようでした。

6章

キャリアに正解はない

キャリアブレイクを文化にする研究所

1章ではキャリアブレイクという「概念」、2章ではキャリアブレイクをした人の「経緯」、3章ではキャリアブレイクした人の「再接続」、4章ではキャリアブレイク中の「過ごし方」、5章ではキャリアブレイクをめぐる「企業や社会」を見てきました。どのエピソードも、空想や妄想ではなく、それを体験した実在する人たちがいます。そして紹介した人たちの人生は今も続いています。

国や会社、世間が推奨する机上の生き方や働き方ではなく、一人ひとりが個人として模索した結果の生き方、働き方です。大きな成果につながった人もいますし、まだまだ悩んでいる人もいます。**キャリアブレイクは万能薬ではなく、1つの選択肢です。**このキャリアブレイクという選択肢を研究しているのが、私たち「一般社団法人キャリアブレイク研究所」です。

研究活動は大きく3つに分かれています。1つ目はエピソードスタディです。キャリアブレイクの当事者や経験者から広くエピソードを集め、顕在化し、分類しています。**一部のエピソードは、当事者や経験者が「無職ライター」となり、自身で執筆したものを「月刊無職」というキャリアブレイクの情報誌としてネットプリントを通じて発刊しています。**1部300円で、む（6）しょくの日にちなみ、毎月6日に刊行しています。

2つ目はアクションスタディです。「むしょく大学」というキャリアブレイク中の方が学び合える場を運営しています。運営を始めて、約10ヵ月目の2023年8月時点で、400名を超える学生の方に登録いただいており、キャリアブレイク当事者の顕在化につながっています。**気持ちの整理をする「供養学部」と、主体性を見つけていく「自由研究学部」の2学部に分かれており、毎月8個程度の授業を開催しています。**こちらも月刊無職と同じく、当事者のみなさんによる自主運営です。私たちは、様々な活動を通してその場で起こる、気持ちやエネルギーの変容を教えてもらっています。

3つ目は、ドロップスタディです。キャリアブレイクという実態は存在していたものの、価値観として社会に認められていた訳ではありません。そのため、当事者だけで盛り上がるのではなく、社会に対して価値観を投下（ドロップ）し、その反響や影響を調べようとしています。**具体的には、無職の人は無料で参加できる「無職酒場」という飲食イベントを全国各地で開催しています。**名前の通り、無職は無料で、有職者は有料という居酒屋です。そんな不公平な飲食店に誰が来るんだと思われるかもしれませんが、いつも盛況です。うちの街でもやりたいと手を挙げてくださった方が店主となり、イベント的にお店を開店させます。潜在的に働くことに違和感があって、でもキャリアブレイクなんて選択肢を考えたこともない、けれども見てみたい、そんな人たちにも来ていただいているようです。また研究所が立ち上げた「TWIST, PAUSE and TURN」というアパレルレーベルもあります。現代を乗りこなす処世術がプリントされたTシャツレーベルです。街で見かけたらラッキーです。

TWIST, PAUSE and TURN

　そんな研究から、得られた情報を中心に本書は構成されています。**執筆するにあたって、40名ほどの方に詳しいアンケートやインタビューのご協力をいただき、多くの**

方のエピソードを採用させていただきました。また、キャリアブレイクについては、先んじて研究されていた法政大学大学院政策創造研究科の石山恒貴教授と片岡亜紀子先生にも多大なるアドバイスをいただきました。

その事実にどう意味をつけるか

キャリアブレイクの研究成果（本書）を詳しく読んだからといって、一人ひとりの人生が好転するか、大きく変わるかと言われると、そこまで変わらない気もします。心が進まない職場が改善される訳でも、休職している体調不良が良くなる訳でも、離職したときの給付金が高くなる訳でもありません。**ただ、1つ変わるとすると「意味づけ」が少し変わるかもしれません。**その点について紹介させてください。

一人ひとりの人生における出来事というのは、決まっているといったら語弊がありますが、学校にいって、働き始めて、友人ができて、というように、みんな同じような流れがあるもののように感じています。失恋や離職、挫折《ざせつ》や孤独など苦境や転機も同じように訪れます。ただ、その出来事をどう捉《とら》えるか、どう意味づけをするかは人によって大きく変わると思います。

おかゆホテルやキャリアブレイクの勉強会に来ていた人たちも、最初は自分にふりかかった出来事を悲観的に捉えていました。仕事が面白くない、上司が合わない、休職して人生が詰んだ、とりあえず辞めたい、などです。**そんなときにまず試してほしいのは、その事実と意味を分けて考えることです。**面白くないのは事実、それを転機と捉えるか、ダメージと捉えるか。休職という事実、それをステップと捉えるか、人生が不利になったと捉えるか。

キャリアブレイクという文化は、世の中によくある出来事の意味づけを変えるツールだと思っています。キャリアの空白ではなく、キャリアブレイクと意味をつけ直し、人生の栄養としていくのです。これに限らず、どんな出来事もどう意味をつけるかで、変わってくると感じます。本書を通して、キャリアブレイクする人がもっと増えたら、と思っている訳ではありません。何か転機が訪れそうなときに、それをマイナスに意味づけるか、プラスに意味づけるか、自分自身に試される日が来ると思います。そんなときに、キャリアブレイクのように、プラスに意味づけすることで、たくさんの人が良い転機を過ごしていることを思い出してもらえれば幸いです。

選択肢の1つとして、選びたい人が選べばいい

キャリアブレイクが世の中を良くする文化の1つとして育っていってくれたら嬉しいと考えていますが、全ての人へ推奨するつもりはありません。私たちが推奨してキャリアブレイクを決断するのではなく、それぞれが納得してキャリアブレイクするかどうかを決めないと意味がないと感じます。自分で決めることが第一歩ですし、決めた先にも、苦しみや葛藤《かっとう》があります。**だからこそ、選びたい人が選択できる文化に育てておくことが私たちの使命だと思っています。**この選択をした人が「変な人」「なまけている人」「弱者」として社会から排除されるような扱いを受けることがもしあったら、それはおかしいと思っています。文化にすることで、偏見なく認識される機会を増やしたいと思います。

また、キャリアブレイクをしやすいようにするために、制度を設けたり、補助金を準備したり、なんていう話の流れもありますが、あまり本質的な解決策にならないような気がします。キャリアブレイクをした人たちを見ていると、休みたい、気分転換

したい、感性を回復させたい、という気持ちがありますが、その先には「意味がある働きをしたい」「自分の原動力が世の中の役に立っている状態にしたい」など、大志に似た気持ちもあります。単に弱っていて助けてもらいたいという訳ではなく、自律心を持っているのです。もちろん、一時的に心や身体が弱まっていることもありますが、その奥には光っているものがあります。

キャリアブレイクは、働くことを否定して、休んだらいいじゃん、ということを正当化するツールではありません。ただ人生は人によっていろんなタイミングがあり、それぞれメリハリをつけてもいいのではないかと考えています。

主語を私にし、人生のオーナーシップを持つ

「会社としてこの判断は正しいと思います」

「母親としてこれをやっておかないといけない」

「男なんだからこれくらいできないと恥ずかしい」

知らず知らずのうちに、私たちはいろいろな役割の中で生きています。いくつかの

役割を持つことは良いことですし、役割が与えられることによって、力を増す人もいます。また、役に立っているという状態は非常に幸せで、自分を満たしてくれる魔法のように感じることもあります。

一方で、改めて、自分を主語にして心から話そうとすると、難しく感じることがあります。キャリアブレイクをして、主導権が自分に戻ってきたとき、今まで、どれだけ主導権が周りにあったのかと知る機会になります。

離職、休職すると社会における所属先がなくなります。今まで「○○会社の○○です」「○○大学の○○です」のように肩書きがあった生活から、単なる「○○です」になっていきます。すると、主語を「私」にして話す時間が圧倒的に増えます。

私を主語にする機会は、自分の気持ちや考えを話す機会となります。自分の気付きやどんなことに心が躍るのか、また何が自分を苦しめていたのかが明らかになっていきます。感性が回復するプロセスでもある気がします。

感性が回復し、少しずつ主導権が自分自身に戻ってきても使いこなせないときもあります。**決めるのが怖い、どっちが良いか分からない、自分に合う仕事が分からない、など、自分で主導するには体力がいります。**人生のオーナーシップを持つというのは、パワーや責任がいることだと改めて感じます。いっそのこと、会社で言われたことをやっている方が楽なのではないかと思う人もいるようです。

選択肢が広がるとそれを選び、決める機会が増えます。自己決定は自分の人生を自分の人生たらしめる重要な活動です。自己決定の回数が増えると社会のレールに乗っていた人生が、久しぶりに自分の手に戻ってきたような気がして、なんとかできそうな気持ちになっていきます。

なんだかうまくいきそうと思えるような認知状態のことを「自己効力感」と呼びます。自己「肯定」感は、自身を肯定することですが、効力感は「自分にはできる能力がある」と自分の可能性を感じている状態です。そんなプロセスを経て、一時的に離れることが、人生のオーナーシップを取り戻すことにつながっていくのです。

人生のリズムを自分で決めるのは悪いことなのか

のんびりしたらいいじゃん、休憩だって大事だよ、と無責任に言いたい訳ではありません。頑張るときは、めちゃくちゃ頑張ってもいい。実際、私も働くのは楽しいですし、休めと言われても、もう少し働きたい、と思ってしまうときもあります。キャリアブレイクを選んだ人も同様で、労働意欲をなくした、というよりは、意味がある働きをしたい、そのために少し休止したい、という人たちが多いように思います。何度も言いますが、キャリアブレイクというのは、ただ休むことを推奨する文化ではありません。**自分の人生のリズムを自分で決めてもいいのではないか、という提言です。**少しだけ離れるというメリハリが人生にとって、キャリアにとって良い影響を与えるのではないかと思っています。決して、なまけることを正当化したい訳ではないですが、休止のリズムを選んだ人が不利になっていく社会はおかしいと思っています。

人生のリズムを、各個人が悩みながら選択し、実行していくことに問題があるはずはないのですが、実社会ではそのようになっていないのが現状です。社会がリズムを決める場面が多くあります。転職と転職の間に1年の人生の休止期間があったとして、果たしてそれがその人の価値を決めるようなことになるのでしょうか。人生100年時代と考えると、1年は1％です。たった1％リズムを変えただけで、人生が不利になるなんて、おかしいのではないかと思っています。

そういった社会への違和感を持っているのは確かですが、「キャリアブレイクした人を積極的に雇用する優しい世界をつくろう」というようなことを目指している訳でもありません。キャリアブレイクをした人が不利になるのはおかしいと思っていますが、助けなければいけない弱者ではないと考えています。もっと言えば、働き続けた人よりも、幅広い経験をし、感性を高めた彼ら彼女たちの方がその経験を活《い》かした能力を発揮できるかもしれない、価値がある人にも成り得ると思っています。

休止期間という偏見なく、一人の人として接してほしいと思っています。私は「天は人の上に人をつくらず、人の下に人をつくらず」（福沢《ふくざわ》諭吉《ゆきち》）という言葉がとても好きです。そんな世界に近づけるため、キャリアブレイクという選択を文化にできたらと思っています。

頑張り方は知っていても休み方を知らない私たち

多くの人が、小学校、中学校、高校で頑張ることは素晴らしいと教わり、苦手なことは克服しないといけないと教わってきたのではないでしょうか。できる人たちは褒められたくて努力し、できない人は恥をかかないように、努力していたかもしれませ

ん。

　ここで教育の批判をしたい訳ではありませんが、頑張り方しか教わらなかった私たちは、大人になって、ふと頑張れなかったとき、方向転換したいとき、人生の転機を迎えたとき、何かを手放すとき、どうしたらいいのか分からなくなることがあります。それは決して個人の考えが弱い、悪い訳ではありません。**前に進むこと、頑張ることを中心に学んできた人たちは、方向転換が苦手なように感じます。休止も苦手です。**休むということが、うまくいかなかった人たちの結果であり、恥ずかしいことだというような認識を持ってしまうことがあります。それはあなたが弱いからでも、適応力がない訳でもなく、社会構造的にそう思わせてしまう観念が育ってしまっていると考えています。

だからこそキャリアブレイクという、離れてみること、休止することが、人生に良い影響を与えるケースを知ってほしいのです。**休んだらそこで終わりではなく、逆にあると思っていた透明のレールから外れてみると、周囲がよく見えてきます。**前向きになれないとき、自分のモチベーションが分からなくなったとき、自分の感性が削られてどうにも耐えられなくなったとき。そんなマイナスと思われるような状況を、良い転機に変えるための選択肢の1つとして、キャリアブレイクという文化を育てていきたいと思っています。

悩みや葛藤は悪いことなのか

悩むのはもういいから行動したら？　なんて言われる人もいると思います。もちろん行動することは素晴らしいです。自分の人生を拓《ひら》いていくときに、行動なしでは語れません。私は、悩むことと行動すること、どちらが素晴らしいかと言われると、どっちも良いことだと思います。ただ、今までの教育は、1つしかない正解に素早くたどり着くと褒められる教育でした。1＋1＝2のように。悩んでいる人より、答えを出した人の方が偉いのです。**その強い刷り込みこそが、悩んでいる人を弱者と思ってしまう背景にあると思っています。**

会社でもそうです。課題をクリアにして、明らかな打ち手を考えられる人が優秀とされています。悩んでいる人は優秀ではないのです。

ですが、実際の社会や自分の人生は違います。**そんなにすぐに答えは出ませんし、悩み方すら分かりません。**それどころか、何に悩んでいるかすら分からないときもあります。私は、そういった期間にこそ「感性」が育《はぐく》まれていると感じます。人が違和感を持つ場所は千差万別です。悩みを持つポイントも、人生に葛藤を覚えるポイントも同様です。そういった心の機微こそが財産なのではないでしょうか。そこに自分の人生を拓くヒントが詰まっています。

キャリアブレイク期間は心置きなく悩める時間です。他人を参考にするよりも、自分の中にある悩みや葛藤を大切にして育んだ感性こそ、これからの社会に必要なものなのだと思います。

大切にしたいことを知るための「感性」

重要だと唱えている感性、センスですが、働く上で感性は必要なのでしょうか。センスを必要とする職業があるのは理解できますが、果たして仕事をする全ての社会人に必要なものなのでしょうか。2章でも少し感性、センスについてふれましたが、ここでもう少し深く考えていきたいと思います。

英語のsenseから派生した形容詞に、「sensitive」「sensible」の2つがあります。sensitiveは、敏感な、繊細な、感受性が強いといった意味で、美的センスや繊細な心遣いのある様子を想像させます。もう1つのsensibleは、分別のある、道理にかなった、と訳されます。人間本来が大切にすべきことを判断するような能力を想像させます。

キャリアブレイクをする人が、「自分の感性を守りたい／高めたい」と思うときは、この両方が含まれているように感じます。**繊細で、感受性のある自身の感覚を守っていきたい気持ちと、人間本来が大切にすべきことを守っていきたい気持ち。**会社の利益だけを追求するのではなく、本来的なことに目を向けられる人が、自分の心・感性を守りたい、と感じるような気がしています。

そういった考えや心は、これからのビジネスシーンで必ず大切になってくると感じます。資本主義経済の中で、自由競争が過剰になった現在、本来的に大切にすべきことを、おきざりにしたまま進んでいる企業も散見されます。意味も分からず、売上を上げようと言われ、納得できないまま働いている人は、自分の感性が壊されそうに感じているかもしれません。そういった企業経営では、従業員、生活者とともに、支持されなくなっていくのではないでしょうか。**だからこそ、感性を美的センスのような狭義で捉えるのではなく、あなたが大切にしたい本質的なことと捉え、これからの働き方に活かしていくことが求められているような気がします。**

目標を作らないときに
キャリアが開かれる

キャリアブレイクのゴールは何なのでしょう。多くの啓蒙《けいもう》書には、何かを始めるときにその目的を整理することと書かれています。会社でもそうでしょう。プロジェクトを動かすとき、自分が出張するとき、人を雇うとき、予算を執行するとき、目的とその説明が必要になります。「言語化」という言葉をＳＮＳなどでもよく見かけます。キャリアブレイクをする人の中にも、はっきりとした言語化を行い、目的を掲げ、過ごす人もいます。次は自分の自由が利く働き方をしたいので、キャリアブレイク中にＩＴのスキルを取得し、新しい業界に飛び込みたい。海外に昔から憧《あこが》れがあったので、キャリアブレイク中に留学にいき、本当に自分がやりたいことなのか確かめてくる、など分かりやすいストーリーの人もいます。

一方で、この「説明」によって、人生が狭まっているように感じる人もいます。「説明できないことは無意味」という文化圏の中で、自身の感性や大志が殺されているように感じる人です。**誰にも説明できないけどやりたいこと、理由もないけどやりたいこと、それは社会では無価値なのでしょうか。**そういった自分にしかない感性を活かしてあげる時間も人生には必要だと思います。「あなたのキャリアブレイクのゴールはなんですか」と聞かれたときに、うまく説明できないこともあるかもしれません。でもそれは、言語化能力が低いからではなく、文化中毒になっているからかもしれません。

実際、目的なしでキャリアブレイクに突入する人もいます。体調を崩して予期せず突入する人や、「離れる」ということを優先しキャリアブレイクを行う人たちです。その期間に少しずつ感性を回復させ、理由がなくてもやりたいことをやっていく中でいつのまにか、新たな選択肢が見えてきて、今まで見えなかった楽しみにできる将来に出会う。そんな人もいます。

計画的偶発性理論という有名な理論があります。目標を作らないキャリアの築き方です。こういうとただ、ゆるいキャリア論のように聞こえてしまいますが、この理論には裏付けがあります。1999年に心理学者のジョン・D・クランボルツが発表した、成功したビジネスパーソンのターニングポイントについての調査によると、そのターニングポイントは8割が偶然の出来事だったのです。**これによって、目標に固執しすぎず偶然に起きたことに対し、興味を持ち、努力し、柔軟に挑戦した方がキャリアが開かれやすいということが明らかになりました。**

もちろんゴールを明確にし、目的を持って活動することは素晴らしいことです。ただ、文化中毒になって、そもそも自分がどうしたいのか、どんな人生を送りたいのか不明瞭《ふめいりょう》になってしまったとき、一時的に離れて人生を俯瞰《ふかん》する時間も無駄ではないと感じます。

ただひたすらに進め

研究所では、キャリアブレイクの勉強会というものをたまに開催しています。勉強といっても、私がキャリアブレイクを始める決断をサポートしたり、キャリアブレイクのコツを教えたりする訳ではありません。同じように悩んでいる人たちで集まり、話す機会を作っています。

また、何度も言いますが、私はキャリアブレイクした方が良いとも思っていません。**本書で何度も言ってきたように、第3の選択肢として知っていることが重要だと思います。**

そんな勉強会で、ある女性の発言が心に残っています。

「キャリアブレイクとか、会社を続けるとか、会社を辞めるとか、そんなことはどうでもよくて、私はただ幸せになりたいだけ」

とことん悩んだすえに、出てきた言葉のようでした。私もその通りだと思います。小さな選択は最終的にはどうでもよくて、人生全体を見たとき幸せだったらいいなと思います。その女性は続けました。

「世の中には幸せになるためのアドバイスが多すぎる。どれを信じて良いのかも分からないし、選択しないことで焦りを感じさせられるときもある」

これについても共感する部分がありました。キャリアブレイクしている人を見ていても、ご両親やご兄弟、友人や先輩など、多くの人がアドバイスをしてくれます。今の時代はそういった人間関係だけでなく、転職サービス、キャリアスクール、キャリア系のアプリなど、商業的なサービスでさえも、アドバイスしてくれます。アドバイスまみれです。アドバイスで窒息しそうな人も見かけます。

何を信じて生きていくか、というのは、また難しい問題で、アドバイスを聞いた方がうまくいくときもあるし、アドバイスを聞かずに自分の心を信じていきたい気持ちのときもあります。結局、どれだけ考えても人生の迷子になってしまいます。そこで最後に、思想家であり、哲学者であるフリードリヒ・ニーチェの言葉を紹介させてください。

「世界には君以外には誰も歩むことができない、たったひとつの道がある。その道はどこにたどり着くのかと問うてはならない。ただひたすらに進め」

有名な言葉なので知っている人もいるかもしれません。私はこの言葉に何度も勇気づけられました。

特に「その道はどこにたどり着くのかと問うてはならない」という部分が気に入っています。人生に悩んだときはすぐに正解探しをしてしまいます。どの選択が自分に合っているのか、どうしたら幸せになれるのか、これから私はどうなっていくのか。ただ、ニーチェの言葉を借りると、問うてはならないのです。

これは何も考えず楽観的に人生を歩め、ということではないと思います。**「君以外には誰も歩むことができない、たったひとつの道がある」のです。それを信じていくことが大切なのではないかと感じます。**

本書を書くにあたって、多くのキャリアブレイクのエピソードについて、アンケートやヒアリングを行いました。掲載にならなかった人も多くいます。中には、大病や、パワハラ、倒産、精神疾患など、とても辛い状況のキャリアブレイクの方もいました。「当時は、こんな人生じゃなかった、と意気消沈していました」と教えてくれた人もいます。**ただ、振り返ってみれば、キャリアブレイクを経験し、今はなにかしら幸せにしている方々は、ただひたすらに進んできた人たちが多かったように思います。**その当時は、今のような未来が見えていた人は少なかったように感じます。そして、私はそのエピソードを聞くたびに勇気をもらいました。

様々なキャリアブレイク、人生の紆余《うよ》曲折から、エネルギーが生まれていく様子。そんなエネルギーを読者のみなさまに少しでもお届けできることを祈って。

あとがき――トランプで一番強いのはジョーカー

私は、人生でまだキャリアブレイクをしたことはありません。そんな当事者ではないため、苦しみや喜びも分からない、そんな私がどうしてキャリアブレイクを文化にしようと活動しているのか。

それは、面白かったからです。

元来、仲良くなる友人には、紆余曲折した人生を送っている人が多くいました。社会ではきれいな履歴書の人が優秀とされますが、私の基準でいくと、紆余曲折した人の方が愛すべき人間になっていくような気がしていました。キャリアブレイクも同様です。きっかけであった妻も、もともとユニークな存在でしたが、キャリアブレイク期間で、個人文化を深め、感性を高めて社会接続して、より魅力的になったと思っています。

面白い、というのは、「面」が「白い」と書きます。これは、面=目の前が、白い=

明るい、という意味で、目の前がぱ〜っと明るくなる様子。意訳すると、将来が楽しみにで明るく見えている様子、を指すそうです。まさにそうです。キャリアブレイクを経た人たちの将来が楽しみで仕方なかったのです。面白かったのです。そんな風に、私がキャリアブレイク中の人と会って話を聞いて「面白そうだな〜」とコメントしていると、みんなも喜んでくれました。キャリアブレイク中の人も、心配されるより面白がってほしかったのです。弱者ではなく、転機だと思ってほしかったのです。私は決して、意図的に、戦略的に面白がっている訳ではありません。素直に思ったことを伝えています。

トランプにジョーカーというカードがあるのはご存じでしょうか。53枚あるカードの中で、最強のカードとして存在しています。ジョーカーとはジョークを言う人。笑っている人。笑ってくれる人です。

最終的に、面白がっている人が一番強いのです。だから、トランプでジョーカーが最強のカードになったのです。

自分で自分の人生を面白がれる人はもちろん良いのですが、難しいときもあります。

そういうときは、ぜひ、あなたの人生を面白がってくれる人を探してください。もし見つからなければ、キャリアブレイクの旗を探してください。その旗の下には、面白がり合っているキャリアブレイクプレイヤーがいるはずです。

二〇二四年一月

北野　貴大

DTP／キャップス
装幀／三森健太(JUNGLE)
本文デザイン／荒井雅美(トモエキコウ)
本文イラスト／むらまつしおり

今西麻耶
しんちゃん
木村基彰　無職 ／ Instagram@kimurakubota
森　貴充　串カツ玩具-GANG- ／ X（Twitter）@matcha_hai
角本　栞　PRコンサルタント ／ X（Twitter）@bookmark616
久保田篤賢　任意団体　かいと
橘　将太　more fruits、Instagram@_more_fruits
やまもとみつひろ　フリーランス ／ https://www.notion.so/hikariyutoriyutaka/
高木祥亘
すがわらえみ　NPO法人AQUAkids safety project
シマサキタツロー　SCHOLE
川満　俊　フリーランス ／ X（Ttwitter）@shun_kawamitsu
かよ
れんれん　キャリアブレイク経験者
北川由依　京都移住計画（株式会社ツナグム）
前田　彰　X（Twitter）@maeda_akira2416
株式会社枠
杉本　丞　日本仕事百貨
菅原春香
衣笠　収　町家Tentofu
古市邦人　一般社団法人NIMO ALCAMO
石山恒貴　法政大学大学院政策創造研究科教授
片岡亜紀子　法政大学大学院政策創造研究科
おはる　自営業
浅井宣通　XR CITY LAB
織内麻衣
いのくまとしひろ　社会人 ／ https://www.facebook.com/toshihiro.inokuma
大下真実　一般社団法人暮らしランプ ／ https://www.facebook.com/mami1224
中舘聡子　読売新聞大阪本社生活教育部
堀西美那　キャリアブレイク中 ／ https://lit.link/minajp
石本憲史
小野日菜子
鈴木春香　神戸市民
梅山晃佑　２畳大学
michi
nande　株式会社Qureas
りりこ　フリーランス ／ Instagram@lilyco3110_design
えっちゃん　会社員３年目 ／ Instagram@etsuko_0210
北このみ　日本経済新聞社
徳重大作
こつぽん　１年４ヵ月のキャリアブレイク経験者
多田英雄　キャリアブレイク中
河合美月　つながり探究家 ／ https://lit.link/mizuchil82
小笠原 萌
にーに　フリーランスデザイナー ／ X（Twitter）@mh22_design
田尾丹里　X（Twitter）@ittvantao
石原敏孝
渡邉彬之　heso. ／ Instagram@heso.
Ting Lin　フリーランス
尾谷伸也　合同会社まちあわせ
WORK MILL
井口幸一
太田裕子
いしふみ
須田如陽

Special Thanks

Rio　Instagram @nashio_pleasebenaked
岡愛　無職 ／ Instagram @nichi_nichi_oyatsu
小黒恵太朗　フォトグラファー・ライター
細川裕之　オルガワークス株式会社
タカヨシ
徳田直也　ワークスタイルズ株式会社
平井宏明　株式会社 滋案 代表取締役
神戸のちーちゃん　X（Twitter）@kobenochichan
小澤あゆみ（いっぽ）　X（Twitter）@ayu63543390
吉川公二　合同会社アーベント
あまなつ　育休中
向井布弥　The DECK株式会社
田仲香子　大阪ガスネットワーク株式会社
番頭かずえもん　株式会社オシンテック
織田　尭　神戸市役所/関西学院高等部/アーティスト ／ https://lit.link/artistoda
丸腰なみ　ひがいけポンド ／ NPO法人サンカクシャ、Instagram @namisuke_1997
山崎貴大　株式会社ユニーク
山中散歩　フリーランス ／ X（Twitter）@sanpo_yamanaka
瀧井智美　株式会社ICB
波々伯部誠一郎　合同会社アトエプロダクション
赤穂　遼
山崎正夫　SHARE WOODS. ／ Instagram@masaoyamasaki
濱部玲美　株式会社KUUMA/キャリアブレイク経験者
遠山朋美　IDDM Caffe
きゃしたま　だしまき屋 ／ Instagram@kyasitamago
さんぷいちなおる　地域生活定着支援センター
合同会社&ante
YOSH　さとのば大学 副学長
ふじい　はじめ　株式会社えとこえ ／ https://linktr.ee/etokoe
文香ヒロ　文筆調香家 ／ X（Twitter）@ayaca_hiro
苚田俊司
齊藤勇海　ラーンネット・あーる ／ https://voicy.jp/channel/4076
ノリエッティ　X（Twitter）@ayaca_hiro
宮内さん　NPO法人育て上げネット
堀部　遥　日本経済新聞社
栗山麗子　IDEAs for next代表
高橋　遥　株式会社CRAZY ／ Instagram @haruka_crazy_69
Yoshiyuki Sekiya
しおみゆうこ　教育コーディネーター
おちよ　Bird Bath Project
たかゆき　ライフコーチ ／ X（Twitter）@Takayuki0143
杉本　丞　日本仕事百貨
小川真由　フリーアナウンサー ／ https://profile.ameba.jp/ameba/ogawa-mayu-blog
大滝 文一　&ante
uca U　イラストレーター ／ Instagram@uca97_illust
塚田英之　株式会社CFO
廣瀬大輔　株式会社BHF
玉井智洋　株式会社マチアケ
まほ　キャリアブレイク経てフリーランス ／ Instagram@mahonophoto333
長田　涼　コト暮らし ／ X（Twitter）@SsfRn
ウーマンタイプ編集部　Woman type
小山美砂　ジャーナリスト ／ https://linktr.ee/s_mallmount

謝辞

多くの方の協力のおかげで、この本が生まれました。みなさまがいなければ、この本はありません。本当にありがとうございます。そして、私の世界は大きく広がりました。特に、一般社団法人キャリアブレイク研究所の理事を担ってくれているハルさんとまっくすさん、そして、全てのきっかけとなったパートナーのさやちゃん。最後にこの私たちの研究を書籍に仕上げてくださった野本さん。心から感謝しています。みなさまの日常が愛であふれますように。

※本書で紹介したエピソードは、個人を特定できないよう仮名を使用し、場合によっては時期や場所など一部を変更しております。

〈参考文献〉

＊竹中克久「組織文化研究における批判的経営研究（CMS）の可能性」2017年

リサーチへのご協力のお願い

書籍を手に取っていただいたみなさま、キャリアブレイクを文化にするために、キャリアブレイクにまつわるリサーチにご協力をいただけませんでしょうか。

リサーチフォーム

https://forms.gle/i8hXrZqf3BqxVnCTA

設問数

選択式：9問、自由記入欄：3問

リサーチ主体

一般社団法人キャリアブレイク研究所

プライバシーポリシー

https://careerbreak-lab.studio.site/privacy#privacy_section

【著　者】
北野 貴大（きたの　たかひろ）
一般社団法人キャリアブレイク研究所 代表理事、大阪公立大学大学院経営学研究科附属イノベーティブシティ大阪ラボ特別研究員、二級建築士。
1989年、大阪府生まれ、埼玉県育ち。大阪市立大学大学院卒（工学修士）。建築学を専攻し、混ざって暮らす価値についてまとめた修士論文「創発的混住」は、学生大会で全国10選に選ばれ書籍に収録された。卒業後、JR西日本グループに新卒入社。「ルクア大阪」をはじめとする駅ビルを企画開発するデパートプロデューサーとして従事。企業マーケティングを発信メディアから受信メディアに切り替え、生活者と共創する事業開発を推進。あったらいいなを形にする「妄想ショップ」、「トキメキ事業部」などを創設。8年勤務し退職後、合同会社パチクリを創業し独立。人事組織開発や教育事業を手掛ける。2022年に一般社団法人キャリアブレイク研究所を設立。3人の理事に加えて、法政大学大学院政策創造研究科の石山恒貴教授と片岡亜紀子先生を共同研究パートナーとし、研究活動を進める。キャリアブレイクの情報誌「月刊無職」、キャリアブレイク中の人が活動できる「むしょく大学」、無職は無料の「無職酒場」など、キャリアブレイクを文化にするプロジェクトを開発。好きな言葉は「紆余曲折」。
Xアカウント：@kitanothiro

仕事《しごと》のモヤモヤに効《き》く
キャリアブレイクという選択肢《せんたくし》
次決《つぎき》めずに辞《や》めてもうまくいく人生戦略《じんせいせんりゃく》

2024年1月24日　初版発行

著　者　北野貴大《きたのたかひろ》
発行者　山下直久
発　行　株式会社KADOKAWA
〒102-8177　東京都千代田区富士見2-13-3
電話 0570-002-301（ナビダイヤル）
印刷・製本　図書印刷株式会社

ISBN 978-4-04-114252-3　C0030